JN103853

モチベーションの心理学

角山 剛・石橋里美 著

サイエンス社

監修のことば

　人は好むと好まざるとにかかわらず，一所に留まらない時間と変幻自在な空間の内で確かな自分を築きたいと願いながら，その目的をなかなか手に入れられないでいるかのようである。自分がどのような空間にいるのか，また，自分探しの期限は何時なのかさえ明示されていないあいまいさがある。しかしながら，人生の模範解答があるわけではないからこそ，思いきり試行錯誤し，将来を大胆に描き直すことも可能となる。

　自分の人生をどう描くかは容易なことではないし，描いた人生が最良のものであるかどうかの判定も簡単ではない。ただし，これまでの時間を振り返り，以前よりも経験を積んだ自分が選ぶことには意味があるはず，判断するのに迷うほどの手がかりが多いならば精緻化した判断ができるはず，ととらえることもできよう。案外に根拠のない憶測であったとしても人は自分の経験を否定するほどの大胆さを持っていない。確実なことは，現状以上に「よりよく生きたい」「満足したい」と日々悩みながら判断を重ねていることである。自らを向上させたいとのモチベーションはすべての工夫の源泉となる。

　本ライブラリを企画する趣旨としては，日常の生活の中で誰もが関心を持ち，迷い悩むようなトピックを採りあげる。そして，その思いをきっかけにして人生を見通せるように考え続けていくにはどうすべきなのか，われわれが考え，用いる知識やスキルがいかに相互に関連しているのかについて扱っている。本ライブラリでの学びを通じて，知識やスキルを修得し，人間性を高め，真に社会に役立つ人材へと成長することを目指している。世の中には多くの困難がある。世の動きに対応してその困難の質も高度になってきているようにも思える。本ライブラリは，それを希望に変えていける，世の中に貢献する人を育てることを意図し，この意図のもとに構成している。このような監修者と各巻の著者の意図が多くの読者の方々に理解されることを期待している。

　2014 年 10 月

監修者　　大坊郁夫　髙橋一公

はじめに

　「モチベーション」という言葉は，最近ではさまざまな場面で出会うようになりました。心理学の分野では古くから用いられてきた用語ではありますが，わが国でテレビなどマスコミで一般的に使われ始めたのは比較的最近になってからのことです。スポーツ選手やビジネスパーソンへのインタビューでも，よくこの言葉が出てくるようになりました。そうした意味では，モチベーションは言葉としての市民権を得たように思われます。学術誌でも，アメリカの著名な応用心理学研究誌である *Journal of Applied Psychology* では，2000 年代に入るとモチベーションに関する学術論文が急速に増えています。モチベーションへの関心は世界的に広まっているといえそうです。

　モチベーションは語源をたどると，動きを意味するラテン語 "movere" に遡ることができます。ここからは，モチベーションが動くということを内に含んだ言葉であることがわかります。日本語では「動機づけ」という言葉が使われますが，まさに動くきっかけ（機）を与えるものであることがみてとれます。

　動くきっかけを与える「もの」と表現しましたが，ここでいう「もの」とは，私たちの内部にあって行動を引き起こす心理的なエネルギーといえます。この心理的なエネルギーは，仕事やスポーツ，勉強や遊びと，生活のあらゆる場面に関わって私たちを動かします。それは対象に近づこうとするエネルギーになることはもちろん，対象を回避し離れようとするエネルギーにもなります。行動の背後にあるモチベーションを知り，モチベーションが働くメカニズムを理解することは，私たちの行動がなぜ生起するのか，また，どのようにして力を与えられたり停止するのかを明らかにしてくれるものとなります。

　仕事場面でも，従業員の仕事意欲をどう高めていくかに関心が集まっています。働く意欲がもてることは，従業員にとっても，新しいスキルや知識を積極的に求め，仕事を通じて自己を成長させる大きな力になります。最近よく使わ

れるようになった「従業員エンゲージメント」は，組織への自発的な貢献意欲を意味しますが，モチベーションとも相通じるものがあります。組織の中の人間行動に関心をもつ皆さんには，仕事へのモチベーションについて理解を深めていただくことが，これからますます大切になってきます。

　本書は，仕事へのモチベーション（ワーク・モチベーション）を中心に，モチベーションの概念や生成消長メカニズム，関連する主要な理論や研究を学ぶことを目的に構成されています。各章の冒頭に，章での学びのテーマを掲げてありますから，参考にしてください。

　第1章ではまず，モチベーションとは何か，どのような現象としてモチベーションがとらえられてきたのかを学び，第2章ではモチベーション研究の流れを概観します。第3章では欲求概念についてみていきます。モチベーションを理解するには，行動の背景となる欲求についても知ることが必要です。ここまではモチベーションを学ぶにあたり知っておいてほしい基本的な知識であり，第4章以降では主に組織行動と関連するモチベーションの理論や研究を紹介していきます。

　取り上げられている理論や研究は，主に産業・組織心理学や社会心理学の領域で研究され，組織行動の中で実践に応用されてきたものも多くあります。第6章で取り上げる内発的モチベーションや，第10章の自己効力感などはその例といえます。このように，産業・組織心理学は社会心理学との接点も多く，両者を厳密に区別することはできませんし，区別する意味もありません。第3章の欲求や，第14章のキャリア形成なども，臨床心理学やパーソナリティ心理学と関連の深いものです。そもそも心理学には「○○心理学」のように，学びの扉が数多くありますが，心理学はその名前が示す通り「こころ（心）のことわり（理）」を探る学問です。どの扉を通って入っても，行き着くところは「こころのことわり」の理解になります。モチベーションという現象を理解するためにも，読者の皆さんには，「○○心理学」のような領域の名称にとらわれることなく，広く心理学に興味・関心をもって学ぶことをお勧めします。

　最後になりましたが，本書の刊行にあたり監修の労をおとりくださいました大坊郁夫先生（東京未来大学名誉教授・前学長，現北星学園大学・同大学短期

大学部学長），髙橋一公先生（東京未来大学教授・モチベーション行動科学部長）に，深甚なる感謝の意を表します。また，原稿の遅れを辛抱強くお待ちくださり，丁寧な編集作業を担ってくださいましたサイエンス社の清水匡太氏にも，心から感謝します。

　本書がモチベーションに関心をもつ皆さんにとっての案内役を担う書となれば，著者たちにとって大きな喜びです。

　2023 年 8 月

角　山　　剛・石　橋　里　美

目　　次

第 15 章　ポジティブ心理学の潮流とモチベーション　181

モチベーションへの アプローチ

1

─■学びのテーマ────────────────────────

　この章では，モチベーションの特徴と，モチベーションがどのように研究されてきたかを知り，モチベーションを学ぶ意義を理解します。

1.1　モチベーションとは

　プロジェクトの達成に向けてモチベーションを維持する，試験の合格に向けてモチベーションをもっと高める，試合に負けてしまい練習へのモチベーションが高まらないなど，最近はいろいろな場面でモチベーションという言葉を耳にしたり目にしたりすることが多くなってきました。モチベーションは英語では motivation と綴り，日本語では動機づけと訳されます。「やる気」や「意欲」という言葉も，モチベーションと同じ意味で使われています。

　このように，今では日常的に使われるようになっている「**モチベーション**」ですが，心理学では研究の中で用いられる学術用語であり，**表 1.1** のように定義されています。

　これらの定義からモチベーションの特徴を探ってみると，どのようなことが明らかになるでしょうか。まず，モチベーションは何かの対象や目標に向かって活性化します。目標をもつことによって，人の内部にそれを達成しようとする心理的なエネルギーが生まれ，行動が方向づけられます。つまり，がんばる対象や目標があるからがんばることができるということです。たとえば「今日はがんばるぞ」と思っても，がんばる対象や目標がなければ，がんばろうとする気持ちは長続きしません。

表1.1　モチベーションの定義の例

- どのようにして行動は生起し，力を与えられ，持続され，方向づけられ，停止されるか，そしてこれらすべての過程の進行中に，生活体にどのような主観的反応が現れるか，に関わるもの（Jones, 1955）。

- 活動の方向性，活力，持続性に及ぼす即時的（直接的）な影響（Atkinson, 1958）。

- 個人の内部および外部にその源をもつ一連の活力（energetic force）の集合体であり，仕事に関連する行動を引き起こし，その様態や方向性，強度，持続性を決定づけるもの（Pinder, 2008）。

表1.2　モチベーションの特徴

- 目標に向かって行動を方向づける。

- 目標達成まで行動を持続させる。

- 目標に近づくに従い活性化の度合いを強める。

　次に，モチベーションは目標に到達するまで行動を持続させます。スポーツで絶対にレギュラーポジションをとるぞと思えば，苦しくてもあきらめずに練習します。試合で愛用しているシューズがいつもの店にないときには，代替品を買わずに別の店を探します。こうして努力して目標に到達すると，その目標に向かうモチベーションはそこで終息し，また新しい目標に向かって新しいモチベーションが活性化します。

　モチベーションの3つ目の特徴は，それが持続していく中で，努力をかき立てることです。つまり，目標に近づくにつれて活性化の度合いを強めていくという点で，常に一定ではなく強弱の変化があります。山に登ることを想像してみましょう。登り始めは足取りも軽かったのが，中腹あたりまで来ると，だんだん疲れが出てきて，初めの軽やかな気分もどこかにいってしまいがちです。「山になんか来るんじゃなかった」と，弱音も出てくるかもしれません。けれども，何とか登り続けて頂上が近くに見え始めると，もうひとがんばりして頂上にたどり着こうという意欲がまた湧いてきます（**表1.2**）。

　ここにあげた3つの特徴には，共通して「目標」が関わっています。つまり，モチベーションは目標のあるところに生まれるものなのです。したがって，ど

のような目標をどのように立て，目標達成に向かってどのように行動していくかを考えることは，モチベーションの維持・促進にとって欠かせません（目標とモチベーションの関係については，第9章で詳しくみていくことにします）。

1.2　能力とモチベーション

　一流といわれるスポーツ選手は，身体能力も高く選手としての才能に恵まれています。けれども，才能に頼っているだけでは，優れたパフォーマンスは生まれません。スポーツ選手に限ったことではありません。会社や組織で優れた成果をあげている人たち，あるいは仕事を離れた日常生活の中でも目指す成果をあげている人たちは，自分の能力を磨く努力，創意工夫を通じて成果を高めようとする意欲，苦しくても研鑽を重ねる強い意志をもっています。そうした努力や意欲，やる気が，すなわちモチベーションといえます。モチベーションがなければ，せっかくの才能も埋もれたままで終わってしまいます。

　たとえば，ハードウェアがどんなに優れたコンピュータでも，その性能を引き出すオペレーティング・システム（OS）やソフトウェアがなければただの箱のままです。ハードウェアが能力だとすれば，OSやソフトウェアに相当するものがモチベーションであり，能力とモチベーションの相乗作用が，優れたパフォーマンスを生み出すのです。

　相乗作用とは，互いに影響を及ぼし合うことで，いわばかけ算の関係です。古くはマイヤー（Maier, 1955）が，仕事上の成果を「能力×モチベーション」という公式で示しています（図1.1）。

　もし能力とモチベーションが足し算の関係であれば，一方がゼロであってももう一方が高ければ，それなりの成果を得ることが可能です。けれども現実には，いくら能力が高くても，意欲がなければ高い成果を引き出すことはできま

$$成果 = 能力 \times モチベーション$$

図1.1　能力とモチベーションの関係

せん。反対に，いくら意欲が高くても，課題を遂行する能力に欠けていては，こちらも高い成果にはつながりません。つまり，一方が高くても一方がゼロあるいはそれに近いようであれば，望ましい成果は得られないということです。

　能力を伸ばすには，練習や学習，経験を通じての地道な積み上げが必要です。そうして身につけた能力は，その後は安定的に保持されます。モチベーションはどうでしょうか。コーチの一言やちょっとした励まし，アドバイスで，一気にやる気が湧いてくることも珍しくありません。反対に，せっかく張り切って仕事に取りかかったのだけれど，上司や先輩，同僚の心ない一言でやる気が一気に失せてしまうということもあります。

　このように，能力が比較的安定した要因であるのに対して，モチベーションは，褒められたり叱られたり，あるいは目標との距離や計画の巧拙など，少しのきっかけで強弱どちらの方向にも変化します。また，その変化の幅も一定ではありません。したがって，目標を達成し望ましい成果を生み出すには，能力を磨くとともに，モチベーションをどのようにコントロールしていくかが大切になります。仕事の場面でも，モチベーション・マネジメントをどう効果的に実践していくかが，長期にわたる安定した成果・成績に結びつくといえます。

　また，モチベーションはリーダーシップとも深く関わるものです。第11章でもふれますが，組織心理学者のレイサムは，リーダーがその任務を効果的に果たす重要な要件は，部下のやる気をかき立て，鼓舞することによって努力させ，継続的に組織の価値または目標を追求してもらうことである，と述べています（Latham, 2007 金井監訳 2009）。すなわち，モチベーションはリーダーシップの中核をなすものであって，成員のモチベーションをどう促進していくかは，リーダーの大切な役割であるということです。ここからは，リーダーシップとモチベーションは表裏一体の関係であるということができます。

1.3　モチベーションは目に見えない

　能力は，たとえば体力測定や持久走のタイム，仕事場面での知識量や各種の技能検査などで客観的に表すことができます。では，モチベーションはどうで

しょうか。本人は仕事の前後でのモチベーションの変化を感じることができても，周囲からはわからないこともあります。あるいは，同じ行動をとっていても，AくんのモチベーションとBさんのモチベーションがどの程度違うのかは，この二人を見ているだけでは客観的に把握することは難しいものです。つまり，モチベーションは現実には目に見えないものであり，類推するしかありません（Dunnette & Kirchner, 1965）。では，どのようにしてモチベーションという目に見えない対象にアプローチすればよいのでしょうか。

　心理学では，モチベーションのように目に見えず直接観察できない対象は多くあります。そもそも「こころ」そのものが直接には目に見えない対象です。欲求やパーソナリティ，知能といったよく知られた対象も，直接観察することはできません。さらに言えば，そうした対象が個人の中に実在するかどうかもわかりません。心のメカニズムを解明することを目的とする心理学では，こうした仮説的な対象（これを**構成概念**あるいは**仮説構成体**といいます）を想定することで，人の行動を説明し，心のメカニズムを探ろうとします。そこで，モチベーションへのアプローチの前に，心理学では目に見えない対象をどのようにとらえていくのかについて簡単にふれておくことにします。

　心理学は科学であり，対象に科学的に迫っていくためには，誰もが納得できる方法を用いなくてはなりません。対象が直接観察できないもの（構成概念）である場合には，お互いの主観にとどまっていたのでは，事実の証明には至りません。必要なことは，実際に起こっている誰もが観察可能な事象や体験に基づいて仮説を立て，一定の方法や手続きに従ってその仮説を検証していく「**仮説演繹的手続き**」をとることです。

　その際に注意しなければならないのは，誰もが用いることのできる手続きで記述すること，そして，同じ手続きを用いれば誰もが常に同じ結果を得ることができるということです。前者を「**公共性**」，後者を「**反復可能性**」あるいは「**再現可能性**」といいます。たとえば理科の実験で，水素と酸素を2対1の割合で混ぜ合わせると水ができます。実験器具があれば誰でもできる手続きであり，同じ手続きでやれば誰がやっても同じ結果を再現することができます。

　もう一つ，原因と結果の関係で説明することも必要です。すなわち，仮説を

コラム 1.1　モチベーションを類推することの難しさ

　ヒルガードとアトキンソン（Hilgard & Atkinson, 1967）は，観察された行動からモチベーションを類推することの難しさを，次のようにまとめています。

- どのような単純な行為でも複数のモチベーションが考えられる。
- モチベーションは形を変えて現れることがある。
- 類似のあるいは同じ行為を通じて複数のモチベーションが表されることがある。
- 同じようなモチベーションであっても違った行動で表されることがある。
- 文化差や個人差が，モチベーションの表現様式に影響することがある。

　このように多くの要因が絡んでくるため，「きっとこうだろう」「こうに違いない」といった単純な類推からではモチベーションをとらえることはできません。仮説を立て，誰もが納得できるやり方で検証していくことが，モチベーションという現象を理解するためには欠かせません。

立てて，結果を予測します。その予測が，誰もが納得する手続きを用いて証明されることで，現象の背後にある法則性を明らかにすることができ，さらには法則性を明らかにすることで，行動のコントロールが可能になります。これが仮説演繹的な方法ということです。

　行動を観察し記述することで問題を把握し，そこから仮説を立て，誰もが納得できるやり方でその仮説を証明することができれば，直接観察できない対象であっても，それに意味を与え有用性を確認することが可能になります。直接目で見たり手に取ったりすることのできないモチベーションという現象を扱う上でも，こうした誰もが納得できる共通の基盤に立って科学的に探究する姿勢をとることが，何よりも求められます。

1.4　ホメオスタシス

　モチベーションという現象を探るときに欠かせない概念が**欲求**（need）です。欲求とモチベーションについては第3章で詳しく論じますが，ここでは欲

求が生じる背後に仮定される動因について紹介し，ホメオスタシスの考え方についてもふれることにします。

　私たちが意図してとる行動は，その始めに欲求があり，さらにその欲求が向かう目標（「**誘因（incentive）**」）が存在します。特に，飢えや渇きを満たすこと，また呼吸や体温の維持などは，人に限らず生物が生命を維持するのに不可欠な生物学的な欲求といえます。古くはウッドワース（Woodworth, 1918）が，こうした生物学的な欲求の背後にあって特定の行動につながる内部刺激を「**動因（drive）**」と名づけました。たとえば，飢えの存在は飢餓動因を引き起こし，飢餓動因は空腹を満たそうとする欲求を生み，食べ物に向かう具体的な行動が生まれます。

　こうした飢餓動因や渇動因はホメオスタシス性の動機とよばれます。**ホメオスタシス（homeostasis）**とは，生理学者のキャノン（Cannon, 1932）が提唱した概念で，生活体が環境への適応や生命維持のために生理的なバランスを維持する過程を意味します。空腹によって生活体内部のホメオスタシスが崩れると，飢餓動因が生じ，空腹を満たそうとする行動が生まれます。暑さの中では体温が上昇しホメオスタシスが崩れますが，自動的に汗をかくことで体温調節が図られ，身体の不調を防ぐことができます。

　私たちの行動のきっかけは，このようにホメオスタシスの維持という生理的な観点から説明できる部分もあります。しかし，たとえば食べ過ぎや飲み過ぎ，健康に害があると警告されながらの喫煙などは，生理的には明らかに不健康であることを知りながら，それでもとる行動です。こうした行動をホメオスタシスの維持という点から説明することは困難です。そこには，生理的なバランスということ以外に，認知的あるいは社会的な要因が影響していると考えられます。この認知的，社会的な要因が，私たちの行動へのモチベーションを考える上でも重要な手がかりになります。

1.5　行動主義の心理学とモチベーション

　1.3節では，目に見えないモチベーションという現象を探るためには，実際

に起こっている観察可能な事象や体験に基づくことが必要であると述べました。このことをさらに推し進めていくと，直接観察できないことやものは科学としての心理学の対象から除外しなくてはならないという考えも出てきます。心理学者ワトソン（Watson, J. B.）は，心理学の対象は意識ではなく行動であり，その方法は客観的観察に基づかなくてはならないという**行動主義**（behaviorism）の心理学を提唱しました[1]。

　ワトソンの主張は明確であり，自然科学の一部門としての心理学では，誰もが客観的に観察できる行動のみが，公共性をもつデータとして分析の対象になり，心や意識といった直接観察不可能なものは，分析の対象から除外すべきであると主張しました。ワトソンによれば，すべての行動は刺激（stimulus: S）と反応（response: R）の関係によって記述することができ，この**S―R関係**を解明することで，行動の予測とコントロールが可能になります。S―Rの関係はヒトのみならず動物の行動においても成立するものであり，したがってヒトと動物の間に明確な一線を引く必要はないという考えにもつながります。

　ワトソンは著書『行動主義』の中で，心理学が意識への言及を捨て去るべきときがきたとも主張し，意識や内的な心理状態という考え方への訣別を求めました。モチベーションもまさに内的な心理状態であり，行動主義の心理学者にとっては関心の対象外となりました。

　心や意識の問題を排除し，刺激と反応の関係を記述しようとする行動主義の考え方は明快であり，アメリカを中心に心理学に大きな影響を与えました。しかし，人間の行動がそのような単純な要素の結合関係のみで解明できるかという批判も多く集まり，トールマン（Tolman, E. C.）やハル（Hull, C. L.），スキナー（Skinner, B. F.）らに代表される**新行動主義**（neo-behaviorism）の心理学が生まれました。ここでは新行動主義の心理学についての詳細な解説は省略しますが，たとえばトールマンは，行動をSとRの単純な結びつきでとらえるのではなく，生活体（organism: O）を媒介としたS―O―Rの図式でとらえま

---

[1] ワトソン（1878-1958）は，1913 年に著した論文「行動主義者から見た心理学（Psychology as the behaviorist views it）」の中でその主張を明確に宣言しています。1925 年には著書『行動主義（*Behaviorism*）』が刊行されています。

した。彼はネズミを被験体として行った迷路学習の実験で、行動には表れない
ものの目標に向かう学習は潜在的になされており、報酬によって強化されると
その行動が急速に顕在化するという、**潜在学習**（latent learning）の存在を示
しました。この潜在学習の主体が生活体（O）であり、SとRはこうした生活
体（O）の反応を介在して結びつくとされます。そして、そうした学習がなさ
れる背景には、生活体がその目標に対して抱く魅力の程度（**誘意性**）と、特定
の行動をとることでその目標に到達する見込み（**期待**）の2つの要因があり、
この2つが相乗的に作用して学習を規定すると考えました。この2つの要因は、
その後のモチベーション理論の展開の中で重要な役割を果たすものであり、ア
トキンソン（Atkinson, J. W.）やヴルーム（Vroom, V. H.）のモチベーション理
論にも取り入れられています。ロウラーは、期待と誘意性を核とするモチベー
ション理論を整理した上で「これらの理論は、すべてが、ある仕方で行為する
傾向性の強さは、その行為にある結果が続くだろうという期待と、その結果
（または成果）が当の行為者に対してもつ価値とに依存する、という立場を
とっている」ことを指摘しています（Lawler, 1971 安藤訳 1972）。これらの要
因を含むモチベーション理論は「**期待理論**」とよばれています（期待理論につ
いては第7章で取り上げることにします）。

1.6　モチベーションを学ぶ意義

　ここまでみてきたように、モチベーションは直接目に見えない対象ではあり
ますが、モチベーションという概念を用いて説明できる現象は、私たちの周り
に数多くみられます。モチベーションを中心に据えた研究は、学術論文だけで
なく書籍も増え、最近は日本でも翻訳書だけでなく日本人研究者による多くの
良書が手に入るようになりました[2]。学習や仕事、キャリア発達など、多くの日
常場面で、モチベーション概念を用いて行動をとらえ予測することの有効性が
認められてきた結果であるといえます。

---

[2]　モチベーション理論の概要を学ぶ上で参考になる、入手あるいは図書館などで参
照可能な書籍を各章末に紹介してあります。

　では，私たちがモチベーションを学び理解することには，どのような意味や意義があるのでしょうか。目標が定まり，達成に向けての方略や道筋がみえてくると，私たちのモチベーションは高まります。けれども，そうした場合でさえ，時によってはモチベーションが低下し，やる気が失せてしまうこともあります。どんなに元気な人でも，四六時中元気でいることは難しいものです。なぜやる気が下がってしまうのか，やる気を回復するにはどうすればよいのか，さらにそのやる気を維持していくにはどうすればよいのか。これはまさにモチベーションの問題であり，モチベーションの特徴を理解しモチベーションに関わる要因をコントロールしていくことで，その答えを見つけることが可能です。

　ここで留意しなければならないことは，その答えは人によって異なるということです。モチベーションの理論を学び，モチベーションのメカニズムを知るのは大切なことです。そしてさらに大切なことは，学んだ知識を実践の場でどう役立てていくのか，自分のモチベーションをどうコントロールしていくのか，そのやり方は人それぞれであるということです。ある研究者は，このそれぞれがもつやり方，すなわち自己を調整する仕方を「**持（自）論**」とよび，持論をもつことによってモチベーションを自らコントロールしていく術を身につけることの有用性を説いています（金井，2006）。

　持論を意識することは，自分がどのような価値を大切にし，どのように生きるかという問題にも関わります。自分が大切にし価値を見出しているものであれば，たとえ目標が時間的にも距離的にも遠くにあったとしても，その実現に向かってモチベーションは高まります。そしてその高まりをどうすれば持続できるのか，その調整の仕方や工夫の仕方に，モチベーションに関する理論や知識の学習が役に立ちます。

　モチベーションへの関心と研究が近年広がっていることはすでに紹介しましたが，そのすべてを取り上げることは本書の範囲を超えてしまいます。以下の章からは，モチベーションを理解する上で必要となる基本的な知識と実践面での応用を中心に，モチベーションにアプローチしていくことにします。

● さらに学びたい人のための推薦図書

外山 美樹（2011）．行動を起こし，持続する力――モチベーションの心理学――
　新曜社

鹿毛 雅治（編）（2012）．モティベーションをまなぶ12の理論――ゼロからわかる
　「やる気の心理学」入門！――　金剛出版

ピンク，D.　大前 研一（訳）（2010）．モチベーション3.0――持続する「やる
　気！」をいかに引き出すか――　講談社

組織における
モチベーション研究の流れ

2

┌─ ■学びのテーマ ─────────────────────
│　この章では，組織行動場面を中心にモチベーション研究の流れをたどり，
│代表的な研究者の業績を理解します。
└──────────────────────────────

2.1　産業・組織心理学の流れ

2.1.1　産業・組織心理学とは

　心理学は，多くの専門領域から成り立っていますが，他の科学と同様に，基礎的な研究領域と応用的な研究領域に分けることができます。必ずしも厳密な区別ではありませんが，基礎的な領域としては，生理，感覚・知覚，認知などの実験心理学的領域があり，応用的な領域としては，臨床，教育，社会，産業・組織などがあります。本書では産業・組織心理学の領域を中心にモチベーションの研究をみていきます。

　産業・組織心理学（Industrial and Organizational Psychology: I/O Psychology）は，仕事組織への心理学的原理の開発と応用に関する研究領域です。名称に産業と組織という2つの領域が含まれていますが，両者を比べた場合には，産業心理学のほうが組織心理学よりも古い歴史をもっています。**産業心理学**は，組織に働く人々を大切な資源（人的資源）ととらえ，人的資源の適切な管理を通じて組織効率の向上を図るという面をもっていました。したがって関心の中心は，効率的な仕事の組み立て（職務設計）や従業員の選抜と訓練，業績評価などに向きました。これに対して**組織心理学**は，後に紹介する組織における人間関係運動（human relations movement）から発展し，従業員の態度や行動，

職務ストレス，モチベーション，リーダーシップ訓練など，組織における人間行動の理解やウェル・ビーイング（第 15 章参照）に関心が向けられました。

　名称が 1 つになっているように，両領域の関心事を産業と組織とに厳密に分けることは困難です。本書の中心テーマであるモチベーションも，仕事の効率や業績に関係していることからは産業領域のテーマといえますが，個人の働き甲斐や充実感，満足感に関係していることからは組織領域のテーマでもあります。では，この名称はどのような経緯をたどって生まれたのでしょうか。

2.1.2　産業心理学の誕生

　科学としての心理学は，1879 年にヴントがドイツのライプチヒ大学に創設した心理学実験室から始まりました。ヴントの下で学んだミュンスターベルク（Münsterberg, H.）は，後にアメリカに渡り，産業場面におけるさまざまな問題の解決に心理学を応用し，大きな功績を残しました。

　ミュンスターベルクは，自らの活動を「産業的精神技術学（Industriale Psychotechnik）」と名づけ，産業場面で当時生じていたさまざまな問題についての

コラム 2.1　ミュンスターベルク (Münsterberg, H.；1863-1916)

　現代心理学の祖といわれるヴント（Wundt, W.）の下で心理学の学位を得たミュンスターベルクは，その後哲学者・心理学者ジェームズ（James, W.）の招きでアメリカに渡り，ハーバード大学の教授を務めました。1898 年にはアメリカ心理学会会長も務めています。1916 年，彼はハーバード大学での講義中に急逝しました。

　ミュンスターベルクは『心理学と経済生活（*Psychologie und Wirtschaftsleben*）』（1912），『心理学と産業能率（*Psychology and industrial efficiency*）』（1913），『精神工学の原理（*Grundzüge der Psychotechnik*）』（1914）などの著作を著しています。このうち『心理学と産業能率』は，『心理学と経済生活』を自身が英訳出版したもので，1915（大正 4）年にはわが国でも翻訳書が刊行されています。ミュンスターバーグ，ミュンスターベルグと記す場合もあります。

解決を目指すことに力を注ぎました。ミュンスターベルクの関心は，①**最適な人材の選抜**（The best possible man），②**最良の仕事方法**（The best possible work），③**最高の効果発揮**（The best possible effect）という3つの点からの心理学の応用でした。第1の最適な人材の選抜という点からは，職業適性，科学的職業指導と科学的な知見に基づく管理の方法などが問題とされます。第2の最良の仕事方法という点からは，仕事方法の学習と訓練，単調感の注意・疲労などの問題が扱われます。第3の最高の効果発揮には，労働者の経済的欲求の充足，広告や陳列の効果の問題などが含まれます。こうした問題の解決は，産業場面における心理学の応用として発展していき，やがて産業心理学としての体系が整えられるに至りました。心理学者として産業場面における諸問題の解決に大きく貢献した功績から，ミュンスターベルクは産業心理学の創始者，産業心理学の父とよばれています。

2.1.3　産業・組織心理学への展開

　実践場面への心理学の応用は，結果的に戦争の中で発展していった経緯をもっています。第1次世界大戦では，短時間で手際よく兵士を選抜するため，集団でも使用できる「紙と鉛筆による検査（pencil and paper test）」とよばれる簡易式の知能検査が開発され，その手法は現在のテストでも使われています。兵器生産工場での工具の採用や配置，職業指導などにも心理学の応用が進みました。第2次世界大戦でも，性能が飛躍的に向上した各種兵器を使いこなすための適性検査，疲労や事故を防止するための安全な作業環境の研究，兵站（へいたん）（ロジスティクス）とよばれる兵員や軍需品の輸送・補給の手法など，後の産業発展につながる各種の技術開発にも心理学が応用されました。

　戦後はこうした技術や経験が民生用に転換され，急速な技術革新と工業化をもたらしました。1944年にアメリカ心理学会第14部門として設立された産業・ビジネス心理学（Industrial and Business Psychology）部門は，1962年には産業心理学（Industrial Psychology）に部門の名称が変更されました。この頃には，生産効率の増大や選抜・配置などの問題だけでなく，働く人々がもつ満足や不満足の感情，疎外感，意欲といった，個人の感情や行動面への関心も

強まりました。同年にはハーバード大学ビジネススクールに組織行動論の講座が開設されました。このように産業心理学の応用領域が広がっていく中で，アメリカ心理学会は1970年に第14部門の名称を産業・組織心理学（Industrial and Organizational Psychology）に変更し，以来，産業・組織心理学の名称が定着していき今日に至っています。

2.2 組織は働く人間をどうとらえてきたか
──組織における人間観の変遷

　人はなぜ働くのでしょうか。この問いは，仕事へのモチベーションを探る上でも大変重要です。モチベーションが人を動かすのであれば，そもそも組織に働く人々をどのような存在としてとらえるのかを考えていくことが必要です。たとえば，よく働く人にはアメ（報酬）を，働かない人にはムチ（罰）を与える必要があると考えるなら，さまざまな規則を作って従業員を縛り，アメを求めムチを避けるようなモチベーション管理がなされるでしょう。これに対して，人は仕事にやりがいを見出すことができれば自発的に働くと考えるなら，従業員の自律性から生まれるモチベーションを重視する管理となるでしょう。

　組織心理学者のシャイン（Schein, 1980）は，管理者が抱くこうした人間観を大きく3つに分けた上で，さらに彼自身が考える第4の人間観を展開しました。

　働く人々のモチベーションを考える手がかりとして，まずはシャインが分類した人間観をみていくことにします。

2.2.1 テイラー主義──「合理的経済人」の人間観

　人は自分の利益や快楽を最大限にするよう行動する，という快楽主義に基づく人間観は，経済学の分野でも古くからよく知られています。この観点に立てば，労働者は経済的な利益が最大になるように計算し行動する存在としてとらえられます。すなわち，働く人々のモチベーションの源泉は，経済的刺激にあるという考え方です。近代産業が発展し，ヨーロッパからの移民が押し寄せた20世紀初頭のアメリカでは，働く人々を動機づけるものは金銭という経済的

コラム 2.2　シャイン (Schein, E. H.；1928-2023)

　シャインは，シカゴ大学，スタンフォード大学大学院を経てハーバード大学で社会心理学の博士号を取得し，長くマサチューセッツ工科大学（MIT）スローン経営大学院教授として研究と教育に従事しました。彼は，2023 年 1 月に亡くなりました。

　シャインの研究は多方面に及んでいます。朝鮮戦争で捕虜になった米軍兵士の洗脳（強制的説得）解除の研究から，企業組織が成員に組織の価値観を内面化させる研究へと進み，さらにキャリア研究へと広がって「キャリア・アンカー」概念の提唱に至りました。組織文化，組織開発といった，現在の組織研究における重要な概念は，シャインの研究の中で体系化されたものであり，「プロセス・コンサルテーション」と名づけられた組織開発手法も，組織研究における重要な手法，また研究の基盤となる考え方として，現在も大きな影響をもっています。組織研究への広汎な心理学的研究による貢献から，シャインは組織心理学の創始者と称えられていますが，その称号も決して誇張ではありません。

　シャインは多くの著作を残していますが，主要な著作は日本でも翻訳刊行されています。

な刺激であり，人は得られる自己の利益を最大化するために働く存在であるという人間観が生まれました。シャインはこうした人間観を**「合理的経済人」**とよびます。

　合理的経済人の人間観から生まれる管理の基本は能率の向上であり，その中では労働者の感情が顧みられることはありません。この人間観を代表する研究実践に，テイラー（Taylor, F. W.）の科学的管理法があります。

　近代産業発展当時の仕事現場では，仕事の進め方は監督者よりも熟練労働者の経験に基づく判断が重視されていました。しかし，このようなやり方は，古手の労働者のその日の気分や恣意的な判断に左右されることが多く，効率の良いものとはいえませんでした。ここに改善の必要性をみたテイラーは，合理的なやり方で仕事能率を高めることができる，新しい管理の方法を提唱しました。テイラーの管理法は「科学的管理法（scientific management）」と名づけられ，

コラム 2.3 テイラー (Taylor, F. W. ; 1856-1915)

アメリカのフィラデルフィアで製鉄会社の見習い技師として働き始めたテイラーは，それまで経験に頼ることを中心として仕事が行われていた生産現場の効率化を試み，やがて**科学的管理法**とよばれる管理手法を体系化しました。

科学的管理法の基本的な思想は，仕事は単純で繰返し的なものとする（**単純化** (simplification)），使用する工具や道具は仕事に応じて適切なものを使用する（**専門化** (specialization)），作業の標準を設定する（**標準化** (standardization)）というものです。作業の標準化を進めるやり方は，作業にかかる時間の分析（**時間分析** (time analysis)）と作業動作の研究（**動作研究** (motion study)）であり，これらを合わせて**作業研究** (work study) とよびます。

科学的管理法を通じてテイラーが目指したのは，仕事を進めるための最適な方法を明らかにすること，仕事に適した人材を選抜すること，仕事を遂行できるよう十分な訓練を施すこと，報酬は成績に応じて支払うこと，でした。科学的管理法を世に広めたテイラーは，近代マネジメントの概念を確立した最大の功労者ともいわれます。

当時の産業界に大きな影響を与えました。

テイラーの管理思想（**テイラー主義** (Taylorism)）は，製造業を中心に広く普及していきました[1]。しかし現実には，生産量が増えて会社が潤っても，労働者の賃金は据え置かれたままという事態も多くみられました。また，科学的管理法では作業の方法や手順は固定されたままで，そこに創意工夫を組み込むことは許されず，労働者は言われるままに動く，いわば人格のない機械の一部としてしか扱われない，という強い批判も生まれました。

---

[1] テイラーは 1911 年に "*The principles of scientific management*（科学的管理法の原理）" を著しましたが，同書は早くも 1913（大正 2）年には日本でも翻訳され『学理的事業管理法』として出版されています。同書は現在『新訳 科学的管理法——マネジメントの原点』（有賀裕子訳）（ダイヤモンド社，2009）として読むことができます。

2.2.2　ホーソン実験——「情緒的社会人」の人間観

　テイラーが提唱した科学的管理法の考え方は，人はどのような刺激とどのような管理技法の下で最大の労力を発揮するかという点で，仕事へのモチベーションを考える手がかりとなります。合理的経済人としての人間観であれば，労働者の関心は少しでも多く賃金を得ることに向けられるはずです。しかし，労働者の生活水準が向上し，それまでのように朝から晩まで労働に追われる必要がなくなってくると，人々は賃金以外の，働く環境や職場仲間との人間関係などにも目を向けるようになり，そうしたことが仕事の質や量に影響を及ぼすことが明らかになってきました。そのきっかけとなったのが，アメリカのウェスタン・エレクトリック社ホーソン工場（イリノイ州シカゴ）で，1924 年から 1932 年までの 8 年にわたり，メイヨー（Mayo, G. E.）とレスリスバーガー（Roethlisberger, F. J.）を中心として行われた「ホーソン実験」です。

コラム 2.4　メイヨー（Mayo, G. E. ; 1880-1949）

　メイヨーはオーストラリアに生まれ，医学，心理学，哲学などを学び，クイーンズランド大学哲学心理学教授となりますが，1922 年にアメリカに渡り，ペンシルバニア大学研究員を経て，1929 年からハーバード大学ビジネススクール教授に迎えられました。

　ホーソン実験には途中（1928 年）から参加し，その後実験から得られる知見をまとめるにあたり主導的な役割を担いました。ホーソン実験では，経済的な要因よりも非合理的・情緒的な要因が生産性に大きな影響をもたらすことが明らかにされましたが，メイヨーはこうした産業における人間的側面や小集団における人間関係がもつ影響力を重視し，人間関係論とよばれる分野の基礎を築きました。彼はその功績から，人間関係論の父と称せられます。

　メイヨーの著作 *"The human problems of an industrial civilization"*（1933）は，わが国でも 1967 年に『産業文明における人間問題』（村本栄一訳）（日本能率協会）のタイトルで出版されています。

　ホーソン工場では，生産効率の改善を図ることを目的に，科学的管理法に基づく大規模な実験が開始されました。けれども8年の長きにわたる実験的研究から明らかになったのは，照明の明るさや休憩時間など物理的な環境要因よりも，科学的管理法では関心の外にあった職場仲間との非公式な人間関係，従業員が抱く感情や情緒が，実は生産性に大きな影響を与えているということでした。すなわち，仲間との関係を重視し，集団の一員でありたいとする心理的欲求をもつ，社会的な存在としての人間観です。シャインはこれを「**情緒的社会人**」の人間観と名づけています。

　情緒的社会人の人間観に立つ管理思想からは，労働者のもつ社会的欲求や職場の非公式集団の存在，集団の中に生まれる規範が労働者を動かす要因として着目され，職場の人間関係に配慮する**人間関係運動**（human relations movement）が生まれました。そうした中で，職場のモラール（士気）やモチベーションなどの心理的要因にも注意が向けられるようになりました。また小集団の心理的構造，集団規範，集団圧力など，集団と個人の相互作用に関する研究や，リーダーシップの研究など，今日の社会心理学において重要なテーマとなっている研究が多く生まれました。

2.2.3　欲求の階層——「自己実現人」の人間観

　第2次世界大戦の中で培われた軍事技術は戦後は民生に転用され，工場ではオートメーション設備が普及するなど，産業場面でのめざましい工業化が進みました。その一方で，技術の進展とともに仕事は高度に専門化され断片化されるようになり，仕事に感じる単調感や，仕事からの疎外感に悩む従業員も増えるなど，深刻な問題が生まれてきました。

　疎外感を克服し，仕事への意欲を高めるものは何か。マズロー（Maslow, A. H.）は，人は本来的に自己の内部から湧き出てくるものによって動機づけられる存在であり，誰もが自らがあるべき理想的な存在形態の実現を目指そうとする欲求をもっていると考え，これを自己実現欲求と名づけました（詳しくは第3章参照）。

　マズローによれば，自己実現欲求は人を成長させる唯一の欲求であり，人は

最終的には自己実現を目指す存在として位置づけられます。したがって，仕事を通じて達成感や成長の喜びを感じられることが，労働者を単調感や疎外感から救い出し，仕事へのモチベーションを高めるものとなります。このような人間観を，シャインは「**自己実現人**」の人間観と名づけました。自己実現人の人間観からは，仕事の意義ややりがいを強調するマネジメントのあり方が広く支持されるようになりました。

　マズローの理論はアルダファー（Alderfer, C. P.）の **ERG 理論**，マグレガー（McGregor, D.）の **X・Y 理論**，アージリス（Argyris, C.）の**未成熟─成熟理論**など，**欲求系組織理論**とよばれる一連の研究を生みました。マクレランド（McClelland, D. C.）の**達成動機理論**にも欲求の概念は取り込まれています（詳しくは第 4 章参照）。

2.2.4　さまざまな欲求をもつ人間──「複雑人」の人間観

　働く人々をどのような存在としてとらえるかについて，前述した 3 つの人間観はそれぞれに重要な示唆を与えてくれます。合理的に考え行動する人間，他者との関係や社会的なつながりを重視する人間，あるべき理想の自己に向かって成長しようとする人間──。どの人間観も理解し納得できるものです。

　しかし，人の欲求は一面的にとらえられるものではなく，その人がおかれた状況によってさまざまに変化します。日々の糧を得るため，お金を稼ぐこと自体がモチベーションの最大の源泉になることもあるでしょうし，別の状況ではお金を稼げることが自己の能力や成長の証につながるかもしれません。年齢や発達段階，求められる役割や対人関係によっても変化します。したがって，働く人々を 1 つの人間観で管理しようとすることは単純に過ぎ，現実的ではありません。

　組織に働く人々がもつ欲求はさまざまであり，能力や仕事の性質，また組織が何を求めるかによっても，人々の反応は異なってきます。つまり「すべての人々にとって有効なただ一つの管理方略というものは存在しない」（Schein, 1980 松井訳 1981 p.104）のであり，人を複雑な存在としてとらえ，状況に応じた適切なマネジメントを行うことが重要であるということです。シャインは

このような見方を「**複雑人**」の人間観と名づけています。

　だからといって，これまでみてきた3つの人間観が誤りであるということではありません。単純化し一般化しすぎてしまっては，適切なマネジメントができなくなってしまうということです。1つの人間観にとらわれることなく，従業員の欲求やおかれている状況に違いがあれば，それぞれを違ったやり方，状況に適したやり方で対応していくことが，「複雑人」の意味といえます。

2.3　モチベーション研究を発展させた研究者たち

　ここまで，産業・組織心理学の大きな流れを概観し，その中で特に注目すべき研究者を紹介しました。名前のみの研究者については，各章で研究の内容を解説しています。ここでは，モチベーション研究を発展させた研究者たちの中からさらに何人かを選び，簡単に紹介していきます。紹介する研究者の実際の研究については第3章以降にも出てきますので，これからの学びの参考にしてください。

2.3.1　レヴィン——集団力学の創始者

　モチベーションという現象を直接取り上げた研究者ではありませんが，心理学の社会生活への応用を学ぶにあたっては，その源流を作ったレヴィン（Lewin, K.；1890-1947）を抜きにすることはできません。レヴィンはドイツ生まれのユダヤ系の心理学者で，ナチスの迫害を逃れてアメリカに渡り，**グループ・ダイナミックス（集団力学）**を創始しました。現代心理学の発展，特に社会心理学の発展に大きな影響を与えた，世界の心理学史に残る研究者です。彼は，個人の変化が集団に影響を及ぼすとともに，集団の変化が個人に影響を及ぼすという，個人と集団相互の力動的な影響過程を重視し，グループ・ダイナミックスという概念を用いることで心理学の研究対象としました。

　レヴィンが活躍した当時のドイツは世界の心理学の中心であり，特にゲシュタルト心理学とよばれる学派が活躍していました。**ゲシュタルト（Gestalt；形態）**とは，個々の部分や要素に分解し得ない，まとまりをもつ全体的な構造

を意味します。たとえば森というのは木々が集まってできており，木々を数えることは可能です。ですが私たちが森を見るときには，高い木が何種類で何本あり，低い木が何種類で何本あって，それらが何本ずつ集まって森を作っているというように見てはおらず，森という1つのまとまり（全体構造）として見ています。こうした全体性を強調する視点から心の働きを理解しようとしたのが，ゲシュタルト心理学です。

　当時のゲシュタルト心理学は，感覚や知覚を中心とする研究が主流でしたが，ゲシュタルト心理学の影響を受けたレヴィンは，感情や欲求，パーソナリティなどの研究にこの考え方を応用し，人間行動のダイナミックスを研究しました。彼が提唱した場理論（field theory），緊張体系（tension system）などの概念，アクション・リサーチ[2]とよばれる研究手法は，その後の心理学に大きな影響を与えました。

　人間行動についてレヴィンが提唱した公式「$B=f(P \cdot E)$」は，今でも人の行動を説明する基本的な考え方としてよく紹介されます。すなわち，行動（B: Behavior）は，人（P: Person）と人を取り巻く環境（E: Environment）との相互作用であり，行動が生まれるには環境の影響も無視することができないということです。レヴィンはこの両者を包摂するものとして「生活空間」という概念を用いています。また，緊張体系は行動の開始や停止を説明する有効な概念であり，アクション・リサーチにおける小集団活動研究では，集団目標の効果，意思決定，凝集性などについてさまざまな実験的研究を行いました。レヴィンの研究は，欲求やモチベーションを究明する上で，その後の研究にも多くの示唆を与えてくれています。

2.3.2　ヴルーム──モチベーションの期待理論モデル

　個人の仕事における行動をモチベーションの視点から量的に把握しようとした研究として，第7章で取り上げるヴルームの道具性期待理論は，モチベー

---

[2] たとえば地域社会や組織現場において解決すべき課題について，小集団を対象に解明するアプローチであり，研究（research）と実践（action），訓練（training）がその柱となります。

ション研究の流れの中で重要な位置を占めています。

　ヴルーム（Vroom, V. H.：1932-）は，組織における人間行動の研究で多くの業績を重ねており，中でも仕事モチベーションの研究は，応用心理学の領域で重要な研究として評価されています。その功績によって，アメリカ心理学会からも複数の賞を受賞しています。1932 年にカナダのモントリオールに生まれたヴルームは，アメリカのミシガン大学で博士学位を取得し，いくつかの大学を経て現在はイェール大学経営大学院教授の地位にあります。

　モチベーションの問題にどう接近するかについて，ヴルームは「モチベーションの問題は，異なった自発的反応の中から有機体によってなされる選択を説明することである」という考えを示しています（Vroom, 1964 坂下ら訳 1982 p.8）。つまり，モチベーションというのは，いろいろな反応の選択肢がある中で，なぜその反応が生じたのかを説明するものであるというとらえ方です。

　モチベーションへの接近にあたって，ヴルームは**ヘドニズム（快楽主義）**の原理を基本におきます。ヘドニズムの原理とは，人は快楽を志向し苦痛を避けるという考え方です。この原理に従えば，人はさまざまな行動の選択肢がある中では，快楽を最大にし苦痛を最小にすると考えられる行動を選択することになります。言い換えるならば，人は快や利得を最大化するよう合理的な選択を行うということであり，この考え方は経済学などでも長く支持されてきたものです[3]。ヴルームが提唱した道具性期待理論モデルは第 7 章で紹介しますが，このモデルでも，利得を最大化するよう合理的な判断を行う人間像を背景としています。なお，モデルの中に「**誘意性（valence）**」という概念が組み込まれていますが，これは目標や対象に近づこうとする（＋の誘意性）あるいは遠ざかろうとする（－の誘意性）行動を引き起こす力であり，先に紹介したレヴィンが提唱した概念です。

　ヴルームのモデルは，その後ポーター（Porter, L. W.）やロウラー（Lawler, E. E.）の期待理論の研究に引き継がれていきます。またヴルームは，カーネ

---

[3] 第 7 章でもふれていますが，近年の行動経済学では，人の非合理的な意思決定に関する研究が進んでいます。

ギーメロン大学在職中に，後に内発的モチベーションの研究で有名になったデシ（Deci, E. L.；第6章）や，優れたリーダーシップ研究者であるイェットン（Yetton, P.）を指導しています（白樫，2011）。

2.3.3 ロックとレイサム——目標設定理論の提唱

　組織におけるモチベーション研究では，目標がモチベーションに及ぼす影響について関心がもたれてきました。目標とモチベーションの関係については，ロック（Locke, E. A.；1938-）とレイサム（Latham, G. P.；1945-）が構築した**目標設定理論**（goal-setting theory）がよく知られています。理論の骨子となる研究が1968年に発表されて以来，現在に至るまで4,000件に及ぶ論文が発表されており，組織心理学における研究の重要な柱の一つとなっています。第9章の前半では，目標設定理論の基本的な知見を紹介しています。

　ロックはハーバード大学で心理学を学び，コーネル大学で産業心理学と実験心理学の修士号を，同じくコーネル大学で1964年に産業・組織心理学の博士

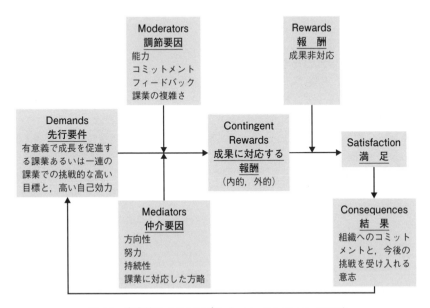

図2.1　**高業績サイクルモデル**（Locke & Latham, 1990）

学位を取得しました。1967年以来メリーランド大学に在職し，現在は同大学の名誉教授となっています。モチベーションと仕事満足に関する研究を中心に，組織心理学の領域でもっとも発表論文数の多い研究者としても知られています。レイサムはカナダのダルハウジー大学卒業後，アメリカのジョージア工科大学で実験心理学の修士号を，アクロン大学で産業・組織心理学の博士学位を取得しています。シアトルのワシントン大学教授を経て，現在はカナダのトロント大学教授の職にあり，これまでカナダ心理学会会長なども務めています。

　ロックとレイサムが1984年に著した『目標が人を動かす——効果的な意欲づけの技法（*Goal setting: A motivational technique that works!*）』は，翌1985年にロックと親交があった松井賚夫・角山　剛による翻訳書が出版され，目標設定理論が日本でも広く知られるようになりました。その後，日本心理学会第60回大会（1996）ではロックを招待し，レイサムとの提唱になる「高業績サイクル（high-performance cycle）モデル」（**図 2.1**）について特別講演が行われました。ロック，レイサム共に本書執筆時点では健在で，研究論文も引続き多く発表しています。

● さらに学びたい人のための推薦図書
テイラー，F. W. 有賀 裕子（訳）（2009）．新訳 科学的管理法——マネジメントの
　　原点——　ダイヤモンド社
シェイン，E. H. 松井 賚夫（訳）（1981）．組織心理学　岩波書店
大橋 昭一・竹林 浩志（2008）．ホーソン実験の研究——人間尊重的経営の源流を探
　　る——　同文舘出版

欲求とモチベーション 3

―■学びのテーマ―――――――――――――――――――――――――

　この章では，欲求とは何か，欲求の存在は私たちの行動にどのような影響を及ぼすのかについて学びます。

3.1　一次的欲求と二次的欲求

　私たちは誰もが，生きていく上で快適な状態を求めようとする根源的な志向性をもっています。この志向性を生み出す力を**欲求**（need）とよびます。何かが欠乏すると，その欠乏を解消しようとする欲求が生まれ，それが行動を引き起こします。その行動が具体的な目標に向かうときに，モチベーションが生まれます。

　欲求は大きく2つに分けられます。一つは，飢えや渇きを癒やす，体温を維持する，眠るなど，私たちの生命を維持するための欲求です。このような欲求は，生物学的欲求あるいは**生理的欲求**とよばれます。一方，人と仲良くしたい，競争に勝ちたい，人から認められたい，尊敬されたいといった，社会で生きていく中で派生してくる欲求もあります。このような欲求は，**心理的欲求**あるいは**社会的欲求**とよばれます。前者の生命維持の欲求を**一次的欲求**（primary needs），後者の社会生活の中で派生する欲求を**二次的欲求**（secondary needs）とよぶこともあります。

　生活の中で一次的欲求が二次的欲求に変わっていくこともあります。たとえば，空腹を満たすための食べるという行為が，あの店の評判の料理が食べたい，今日は誰かを誘って食事とおしゃべりを楽しみたいというように，単に生命維

持のためだけではなく心理的な欲求の充足を求める行動に変化していくことも
あります。

3.2 マクドゥーガルの本能論

　心理学の歴史の中で初めて社会心理学のテキストを著したマクドゥーガル
（McDougall, W.；1891-1938）は，私たちの行動を引き起こす力を，すべて**本
能**の概念によって説明しようと試みました。本能とは，その目的を知らなくて
も生起する生得的・遺伝的な行動特徴を意味します。マクドゥーガルは，人の
社会的な行動も本能によって引き起こされると考え，認知，感情，意志の3つ
の側面から 14 種類の本能を仮定しました（**表3.1**）。

　けれども，本能は生得的で固定的な概念であり，人のすべての行動の引き金
を本能で説明しようとするのは無理があります。たとえば，喫煙行動は人間に
は喫煙本能があるから，ゲームに没頭するのはゲーム本能があるからというこ
とにもなってしまいます。「○○の行動をとるのは○○本能があるから」では，
一見説明しているようにみえて実は何も説明してはいません。また人の行動は，
おかれている環境が変化したり，あるいは学習を続けることで変化します。し
かし，本能概念からだけではこうした変化を説明することはできません。この
ような批判から，マクドゥーガルの本能論は急速に勢いを失っていきました。

表3.1　マクドゥーガルによる本能のリスト

本能の種類（付随する感情）	
1. 逃避（恐怖）	8. 服従（卑下）
2. 闘争（怒り）	9. 自己主張（優越）
3. 拒否（嫌悪）	10. 社会・群居（孤独）
4. 保育（慈愛）	11. 求食（食　欲）
5. 救援（絶望）	12. 所有（所有欲）
6. 求愛（快楽）	13. 構成（構成欲）
7. 好奇（好奇心）	14. 笑い（娯楽心）

3.3 マレーの欲求理論

3.3.1 欲求リスト

　マレー（Murray, 1938）は，人は自己の内部にさまざまな欲求をもっており，行動はそれらの欲求を充足させようとするプロセスであると考えました。そして，社会生活の中でみられる広汎な種類の行動を丹念に調べ，その背後に仮定される多くの欲求をリストに掲げました。

　マレーがリスト化した欲求は，すべてが独立したものではありません。たとえばリストには不可侵，隠遁〔いんとん〕，優越といった欲求があげられていますが，これらは他の欲求から合成されたものとして独立の欲求とはみなされません。マレーのリストには40種類ほどの欲求があげられていますが，行動を説明するためには必ずしも明確でないものもあります。これらを除いた20種類の欲求は，社会的行動として表れやすいという意味で，**顕在的欲求**と名づけられています（表3.2）。

　マレーは，さまざまな行動を調べることからさまざまな欲求の存在を仮定しましたが，それでも，行動が複雑化していけばまた新たな欲求を仮定することも必要になってきます。しかし，そうして欲求の数が増えていけば，欲求の独自性や欲求間の関係も曖昧になっていき，人の行動を説明するのに本当に役に

表3.2　**顕在的欲求**（Murray, 1964）

1. 屈従（abasement）	11. 障害回避（harm avoidance）
2. 達成（achievement）	12. 屈辱回避（infavoidance）
3. 親和（affiliation）	13. 養護（nurturance）
4. 攻撃（aggression）	14. 秩序（order）
5. 自律（autonomy）	15. 遊戯（play）
6. 中和（counteraction）	16. 拒絶（rejection）
7. 防衛（defendance）	17. 感性（sentience）
8. 恭順（deference）	18. 性（sex）
9. 支配（dominance）	19. 救援（succorance）
10. 顕示（exhibition）	20. 理解（understanding）

立つのか疑問も出てきます。こうした点にマレー理論の限界があります。

3.3.2　欲求の測定

　欲求が行動を引き起こす引き金としての役割をもつのであれば，欲求の種類や強さを知ることで，その後に続く行動を予測することもできます。このような考え方に基づき，マレーは欲求を測定する方法として「**主題統覚検査（Thematic Apperception Test; TAT）**」というテストを開発しました。TAT は投影法とよばれる心理検査の一つで，人物が描かれている曖昧な主題の絵を対象者に見せて自由に物語を作らせます。描かれた物語の中には対象者の潜在的な欲求が投影されているという仮定の下に，その内容を分析・解釈することで対象者のもつ欲求を探り出そうとするものです。

　TAT は，対象者の欲求やパーソナリティ特性，隠されたコンプレックスなどを明らかにする方法として，その後多くの研究者が用いるようになりました。TAT の開発はマレーの大きな功績といえます。ただ，得られた結果の分析や解釈は，研究者の解釈能力に依存するところが大きく，利用にあたっては十分な訓練と利用の限界を知っておくことが必要です。

3.4　欲求の階層

3.4.1　マズローの欲求階層説

　マズロー（Maslow, A. H.；1908-1970）は，欲求は人の内部にバラバラに存在するのではなく，一定の階層的な秩序をもって存在すると考え，5つの欲求階層構造（図3.1）を仮定しました（Maslow, 1943）。

　もっとも低次の階層にある欲求は「**生理的欲求**」です。生理的欲求は，飢えや渇きの補給，睡眠，性的活動など，生命維持や生存に不可欠な基本的欲求であり，この欲求が欠乏したままでは人は身体的な健康を保っていくことができません。生理的欲求が充足されると，次に現れるのは「**安全欲求**」です。これは，危険や不確実な状況を避け，安全で快適な環境を求める欲求です。安全欲求が満たされるとその一段階上にある，人から愛されたい，集団の一員として

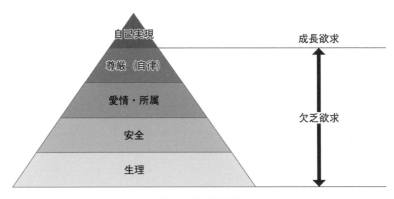

図 3.1　欲 求 階 層

認められたいという「**愛情・所属欲求**」が現れます。そしてこの欲求が満たされると，もう一段上の「**尊厳欲求（自律欲求）**」が意識されるようになります。すなわち，人間としての尊厳を保ち，自分の判断で自律的に行動し，周囲からも尊敬されるようになりたいという欲求です。

　これら4つの欲求では，ある段階の欲求が満たされず欠乏状態にあるときには心理的緊張が生まれます。心理的緊張はそれが続くと不快感が強まるため，緊張を解消しようとする行動が生まれます。そして行動の結果として欠乏が満たされ緊張が解消すると，その欲求は人を行動へと向かわせる力を失い，今度はそれより一段階上位にある欲求階層へと関心が移ります。こうして欲求はさらに上位の階層へと向かっていきます。このように，生理的欲求から尊厳欲求までは，それが欠乏すると顕在化し充足へと向かう行動を引き起こすことから「**欠乏欲求**」とよばれます。

　マズローが仮定した欲求の階層はもう一つあります。マズローによれば，尊厳欲求が満たされると，さらに上位にある「**自己実現欲求**」が現れます。これは，自己の可能性を追い求め，それを最大限実現しようとする欲求であり，人の精神的な成長に不可欠の欲求であるとされます。自己のもつ可能性は無限です。目指しているところに到達したと思えても，「今の自分なら，もっと上を目指せるはず」「自分の可能性はまだ伸ばせるはず」と，さらなる可能性の実現を目指して，止まることなく努力を続けようとします。欠乏欲求が充足され

るともはや人を動かす力を失うのに対して，自己実現欲求はさらなる高みを目
指して止まることなく自己を引き上げていこうとする欲求であり，「**成長欲求**」
とよばれます。

　マズローの欲求階層説は，図3.1のような「欲求のピラミッド」で描かれる
ことが多いのですが，成長欲求である自己実現欲求と欠乏欲求である尊厳欲求
との間には，実は大きな隔たりがあると考えることができます。

3.4.2　欲求階層の測定

　欲求階層説を実証しようとすれば，欲求を階層ごとに測定する必要がありま
す。しかしこれは大変難しいことです。たとえば，尊厳欲求と自己実現欲求と
はどのレベルで明確に区別できるでしょうか。周囲から一目置かれ好かれる存
在になりたいというのは，尊厳欲求でしょうか，それとも愛情・所属欲求で
しょうか。欲求のピラミッド図では，それぞれの階層が線で区切られて，明確
な階層性が示されています。しかし，現実には階層間にはっきりした区分けが
あるわけではなく，緩やかに変化しながら隣接する階層に移っていくと考える
ほうが自然です。このように，階層が重なり合う部分の欲求を区別することは
難しく，欲求を階層別に測定しようとする場合，質問項目を作るにも適切で信
頼できるものが用意できません。

　欲求階層の概念は，イメージとしては大変わかりやすいものですが，実際の
測定が難しいことから，マズローの説は検証不能な説（non-testable theory）
といわれることもあります。だからといって，検証がまったくなされていない
ということではなく，多くの研究者がさまざまな方法を工夫しながらその検証
を試みています。ただ，これまでの研究を総合すると，欲求の5つの階層が独
立して明確に見出された研究はまだなく，階層がみられてもマズローの区分と
は必ずしも一致しないなど，実証的な難しさが残っています。

　欲求の階層性についての検証には難しさが残っているものの，組織心理学者
のカンファー（Kanfer, 1991）は，欲求は人の内部にあって心理的緊張を生み
出し，緊張の解消に向かって行動を引き起こす役割を担うものであるとして，
その重要性に着目しています。そうした視点から，欲求階層説についても近年

コラム 3.1 「衣食足りて礼節を知る」

　欲求が階層性を有していて一定の秩序の下に存在するという考え方は，日常生活の中でも思い当たることがあると思います。マズローの欲求階層説は西欧の文化の中で研究されたものですが，東洋にもこれと似た考え方があります。古代中国は春秋時代，斉の国王桓公の宰相であった管仲の言行録『管子』の中に「衣食足りて礼節を知る」という言葉があります。これは，衣服や食物という生活上の基本となるものが満たされて初めて，人との交わりの中で欠かせない礼儀や節度を意識するようになるという意味で，わが国でも昔からよく知られた言葉です。

　これを欲求階層説でいうなら，衣や食は生理的欲求や安全欲求に相当するものであり，礼や節は愛情・所属欲求や尊厳欲求に関わるものと考えることができます。衣食という基本的な欲求が充足された後に，礼節という上位の欲求が意識されるようになるという点では，マズロー理論に共通する考え方ともいえます。管仲が活躍したのは紀元前600年代の昔ですが，洋の東西や時代を問わず同様の見方が存在しているのは興味深いことです。私たちの欲求の有り様が普遍的であるということを示すものともいえるでしょう。

再び関心が高まっており，モチベーション研究の中ではマズロー理論についての実際的な有用性も見出されています。マズロー理論の妥当性を検証する方法を見つけ出すための努力は，今後も継続される価値があるといえます。

3.5　欲求間の葛藤

3.5.1　接近欲求と回避欲求

　欲求には，対象に近づこうとする「**接近欲求**」と，対象から離れようとする「**回避欲求**」があります。接近欲求は息の長い欲求であり，たとえば1年あるいはもっと先にある目標であっても，少しずつでも近づこうと努力を続けます。そして，その目標までもう一息というところまで近づくと，「あともうひと頑張り」と努力はさらに強まります。

表3.3　コンフリクトの3類型

1. 「接近―接近」型	魅力ある対象が同時に存在する。	

$$\boxed{+} \leftarrow 人 \rightarrow \boxed{+}$$

「天丼にするか，カツ丼にするか」

2. 「回避―回避」型	近づきたくない対象が同時に存在する。

$$\boxed{-} \leftarrow 人 \rightarrow \boxed{-}$$

「勉強はしたくない，成績が下がるのもいやだ」

3. 「接近―回避」型	1つの対象が接近と回避の欲求を引き起こす。

$$\boxed{+-} \rightleftarrows 人$$

「フグは食いたし，命は惜しし」

　一方，回避欲求の場合には，対象に近づくほど強くなりますが，その方向は接近欲求とは逆に働き，対象から少しでも離れよう逃れようとします。そして対象から遠ざかるとその力は急速に弱まり，行動は停止します。たとえば，危険が近づけば誰もが慌てて逃げようとしますが，このあたりならまず大丈夫だろうというところで回避行動はストップします。

　接近欲求や回避欲求は，生活空間の中で複数生じることがあり，それらが対立しぶつかり合うところに**コンフリクト**（葛藤）が生まれます。レヴィンはコンフリクトを3つの基本型に分類しています（表3.3）。

1. 「接近―接近」型

　同一空間内に2つの魅力ある対象があり，2つの接近欲求が働く状況。こうした状況の中では決断に戸惑いますが，最終的にはより魅力を感じる対象を選ぶことで，コンフリクトを解消します。身近な例でいえば，昼食を天丼にするかカツ丼にするか，どちらも食べたくて迷うけれども，最終的にはより食べたいと思うほうを選びます。

2. 「回避―回避」型

　同一空間内に2つの逃れたい対象があり，2つの回避欲求が働く状況。両対象からもっとも離れた地点で行動を停止するか，あるいはその場を離脱します。勉強はしたくないしレポートも書きたくない，けれども成績が下がったり留年したりするのもいやだという場合などです。成績が下がらない程度にほどほどに勉強しておく，仮病を使って学校を休んでしまうといった行動が生まれます。

3. 「接近―回避」型

1つの対象が接近欲求と回避欲求を引き起こす状況。人はその対象に接近したり離れたりを繰り返します。バイト先は給料がよいのでもっと働きたいのだけれど，上司との関係がよくないので時々行きたくなくなるなどが，その例です。

3.5.2 仕事の中でのコンフリクト

　組織を活性化する中ではコンフリクトも生かすことができるという考えもあります。組織研究者のロビンス（Robins, 2005）によれば，調和がとれて安定した集団では，お互いが刺激し合うことが少なくなり，言わば風の吹かない凪の状態が生まれてしまうことがあります。そうした停滞状況の中では，いざというときに組織を活性化するための感度や活動力が鈍ってしまいます。コンフリクトは，そうした凪の状態に投げ込んでさざ波を起こす小石であり，組織の活性化にプラスの影響をもたらすものでもあります。このような考え方をもとに，ロビンスは組織の中で生じるコンフリクトを3つのタイプに分けています。

1. タスク・コンフリクト

　仕事や課題（タスク）に取り組む際の，考え方の違いや意見の対立から生まれるコンフリクトです。こうしたコンフリクトは，原因となる考え方や意見の食い違いを調整していく中で解消していくことが可能です。そしてその過程で，成果を高めるためのより効果的なアイデアや行動が生まれることもあります。その意味では，生産性につながるプラスの面も有するコンフリクトといえます。

2. プロセス・コンフリクト

　仕事の進め方や，仕事を進める中での権限についての意見の相違，予算や人材配置などでの対立が生み出すコンフリクトです。こうした対立も調整し解消することが可能であり，その過程で新たなアイデアが生まれて目標達成が促進されることもあります。したがって，プロセス・コンフリクトも生産性につながるプラス面をもつコンフリクトといえます。

3. エモーショナル・コンフリクト

　仕事に直接関係するものではありませんが，組織の中での人間関係が感情的

な対立や緊張を引き起こしコンフリクトを生み出すことがあります。気が合う・合わない，好き・嫌いといった感情的・情緒的な対立は非合理なものであり，仕事環境の調整や改善によって合理的に解消できるものではありません。そのまま解決の糸口を見つけることができず，集団の生産性を低下させてしまうことにもなりかねません。このように，時間やエネルギーを費やしても成果が得にくいところから，エモーショナル・コンフリクトは非生産的コンフリクトであるといえます。

　3つのコンフリクトは，必ずしも明確に区別されるものではありません。エモーショナル・コンフリクトも，やりようによっては集団にとってプラスの要因に転化できることもあるでしょう。組織や集団に停滞感が生まれたときには，あえて異なる意見や考え方を投げ込んでさざ波を立ててみることが，活性化のための方法といえます。

3.5.3　フラストレーション

　欲求が阻止された状態，またその結果不満が生じる状態を，フラストレーション（frustration）といいます。日本語では一般的に欲求不満と訳されます。葛藤は欲求充足の妨げとなり，フラストレーションを引き起こす原因になります。フラストレーションの強まりは不適切な反応（不適応行動）につながり，たとえば以下のようなものがあります。

1．攻撃反応

　弱い立場の者をいじめる，すぐに怒りを爆発させるといった他者への攻撃（外罰的行動）や，必要以上に自分を責めるなど攻撃を自分に向ける（内罰的行動）といった攻撃反応が生じる。

2．退行反応

　普段は冷静な人が突然感情を乱す，判断力が鈍り筋道を立てての判断ができなくなるなど，未成熟・未分化な反応が生じる。

3．異常固着

　貧乏揺すりや爪かみなど周りからみれば無意味な行動を繰り返したり，柔軟性がなくなって特定のものやことに固執するといった固着反応が生じる。

　フラストレーションは不快な心理的緊張状態であり，耐え続けるには相応の心理的なエネルギーが求められます。そこで，人はフラストレーションの状態から何とか逃れようと，無意識的に退避行動をとることがあります。フロイト（Freud, S.）はこれを，自我を守ろうとする無意識的な適応へのメカニズムととらえて「**防衛機制**」と名づけました。

　防衛機制には，不安をもたらすおそれのある欲求や感情を無意識の中に押し込めてしまう「**抑圧**」，自分が認めたくない欲求や感情を無意識のうちに相手に転嫁してしまう「**投影（投射）**」，失敗や能力不足をもっともらしい理由をつけて正当化しようとする「**合理化**」などが知られています。防衛機制によって

コラム3.2　すっぱいブドウ

　防衛機制の一つである「合理化」を紹介する例として，イソップのこんな寓話がよく知られています。

　　　ある日キツネがブドウ棚の近くを通りかかると，おいしそうなブドウが棚からぶら下がっていました。キツネは早速取って食べようとしましたが，いくら跳びはねても何をしても，どうしてもブドウの房に届きません。すっかり疲れてしまったキツネは「ふん，誰でも勝手に取るがいいさ。こんなブドウ，どうせ食べてもすっぱいに決まってる。すっぱいブドウなんてほしくないさ」と，何事もなかったようにすましてブドウ棚から立ち去りましたとさ。

　日常生活でも，合理化は誰もが少なからず体験するものです。たとえば，申し込んだコンサートチケットの抽選に漏れたときに「今回のコンサートは，本当はあまり興味がなかったし，演目も期待していたほどじゃない」と，自分を納得させるなどがそうです。

　合理化は，使い方によっては心の負担を軽くして前に進むきっかけを作るものでもありますが，自分の失敗や努力不足を合理化しているばかりでは，かえってフラストレーションを強めて，不安や不満をため込んでしまうことにもなりかねません。

一時的に不安を低減することはできますが，不安の原因はそのままに残っており，フラストレーションの解消には至りません。

　社会生活を営む中では，誰もが大なり小なりフラストレーションを経験します。そうしたフラストレーションに不適切なやり方を用いることなく対処していく能力を「**フラストレーション耐性**（frustration tolerance）」とよびます。フラストレーション耐性はすぐに獲得できるものではありません。成長の過程でさまざまなフラストレーション状態を経験し，それを克服していく中で次第に身についていくものといえます。

● さらに学びたい人のための推薦図書

マズロー，A. H.　小口　忠彦（訳）（1987）．改訂新版 人間性の心理学――モチベーションとパーソナリティ――　産業能率大学出版部

ロビンス，S. P.　髙木　晴夫（訳）（2009）．新版 組織行動のマネジメント――入門から実践へ――　ダイヤモンド社

太田　肇（2007）．承認欲求――「認められたい」をどう活かすか？――　東洋経済新報社

欲求理論の
組織における展開

┌─ ■学びのテーマ ─────────────────────────
│
│　この章では，欲求概念が組織行動の中でどのようにとらえられ，展開さ
│れてきたのかについて学びます。
│
└──────────────────────────────────────

4.1　アルダファーの ERG 理論

　前章では，マズローの欲求階層説を紹介しました。マズローの説をもう一度
復習すると，私たちの行動の背景には欲求が存在し，欲求は人の内部にバラバ
ラに存在するのではなく，一定の階層的な秩序をもって存在すると考えられま
す。そして，ある階層の欲求が満たされず欠乏状態にあるときには心理的緊張
が生まれます。心理的緊張が続くと不快感が強まるため，緊張を解消しようと
する行動が生まれます。行動の結果として欠乏が満たされ緊張が解消すると，
その欲求は人を行動へと向かわせる力（行動へのモチベーションを引き起こす
力といえます）を失い，今度はそれより一段階上位にある欲求階層の充足へと
関心が移ります。

　ここからもわかるように，マズローの**欲求階層説**では，充足に向かう心理的
緊張が解消されると，その欲求階層は人を動かす力を失い，上位にある階層の
欲求が顕在化します。つまり，欲求は常に上位へと向かい，下位の階層に降り
てくることはありません。また，欲求は充足された後に一段上の階層に向かう
ので，複数の階層の欲求が同時に充足に向かおうとすることもありません。

　顕在化する欲求が常に一階層であり，さらに常に一方向に向かうという考え
方は，すっきりとしてわかりやすいようにも思えますが，現実を考えた場合は

どうでしょうか。たとえば，自分の力で物事を進めたい，周囲から尊敬されたいという，マズロー理論でいうなら尊厳欲求が満たされても，人から愛されたい，メンバーとして認められたいという，愛情・所属欲求も消えずにそのまま存在していることもあるのではないでしょうか。あるいは，尊厳欲求が満たされないとき，せめて愛情・所属欲求は満たされたままでいたいという気持ちが強まることもあるかもしれません。

　アルダファー（Alderfer, 1972）は，欲求には階層的秩序が存在するというマズローの考え方に沿いつつも，この点で独自の階層理論を展開しました。アルダファーの理論では，分類される欲求はマズローより少なく，下位から順に**存在欲求**（Existence needs），**関係欲求**（Relatedness needs），**成長欲求**（Growth needs）の3つに分類されます。しかし，欲求が活性化するプロセスはマズロー理論よりも複雑です（図4.1）。

　存在欲求（E）は，飢えや渇きといった生理的欲求のほかに，仕事の中での賃金や作業環境など，生きていく上でのあらゆるタイプの物質的な欲求が含まれます。関係欲求（R）は，家族，上司や部下や同僚，友人など，重要な他者との人間関係に関する欲求が含まれます。成長欲求（G）は，自己および自己の環境に対して創造的でありたいとする欲求を意味します。

　下位レベルの欲求が充足されるとその重要度は低下し，より上位の欲求が顕在化してくるという考え方は，マズロー理論と共通します。また，成長欲求に

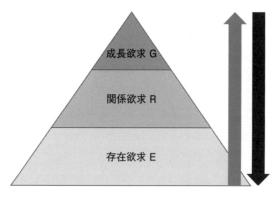

図4.1　アルダファーの欲求階層

表 4.1　マズロー理論とアルダファー理論の比較

マズロー理論	アルダファー理論
• 欲求は 5 階層。 • 下位から上位欲求への一方向の流れ。 • 上位欲求が活性化するためには，その一階層下の欲求が充足されることが必要。 • 下位欲求が充足されないと上位欲求は現れない。	• 欲求は 3 階層。 • 3 つの階層の欲求は同時に活性化することもある。 • 上位階層の欲求不充足は，下位階層の欲求を強めることがある。

ついては，満足してもその強さや重要性は減少せず，さらに強まっていくという考え方もマズローと同じです。では何が違うかというと，大きく 2 つの点があります。第 1 は，欲求階層は順々に活性化するのではなく，複数の階層の欲求が同時に活性化することがあるという考え方です。たとえば，存在欲求と関係欲求が同時に活性化することがあるということです。第 2 は，上位の階層の欲求が充足されない場合には，それよりも下位の欲求の重要度が増し，再び下位階層の欲求が活性化してくるという考え方です（表 4.1）。

　アルダファーの理論は，それぞれの欲求の頭文字をとって「ERG 理論」とよばれます。アルダファーの考え方のほうが，私たちの実際的な感覚に近いようにも思えますが，どうでしょうか。

4.2　マグレガーのＸ理論・Ｙ理論

　マズローの理論では，最上位の階層である自己実現欲求は，自己の可能性を追い求め，それを最大限実現しようとする欲求であり，人の精神的な成長に不可欠の欲求であるとされます。生理的欲求から尊厳欲求までの欠乏欲求が，充足されるともはや人を動かす力を失うのに対して，自己実現欲求はさらなる高みを目指して止まることなく自己を成長させていく欲求です。

　マグレガー（McGregor, 1960）は，マズローの考えに基づき，権限と指示統制による管理ではなく，従業員の創造性や自己実現を目指す管理を提唱しました。指示統制による管理は，従業員を外側から縛るものであり，その背景には，人は常に金銭的報酬や厳しい管理によって外部から統制しなければ怠けてしま

う，いわば命令されなければ動かない存在とみなす考え方があります。このような考え方に立つ管理の思想を，マグレガーは「**X理論**」と総称しました。理論と名がついてはいますが，仮説と検証によって論理的に組み立てられた1つの理論ということではなく，考え方をまとめたものと理解してください。

　X理論は，組織に働く人々を以下のようにとらえます。

- 人間はもともと怠け者。仕事が嫌いで，できれば仕事などしたくないと思っている。これは生産性を高めようとする組織の目標とは相反するものである。
- それゆえに，外部から強制されたり，統制されたり，指示命令されたり，処罰するぞと脅されたりしなければ，組織目標を達成するための十分な力を発揮しない。
- 人間は命令されるほうが好きであり，責任を回避したがり，あまり野心をもたず，何よりもまず安全を望んでいる。なので，自分を統制することは困難であり，外部からの働きかけが必要である。

　こうした従業員たちを管理・統制するには，明確な意思をもち自分の感情に左右されない管理者が，指示や命令を与えなければなりません。X理論的な管理思想の下では，従業員は管理者の権威に服従し，指示命令によって働くことで，組織から経済的な報酬を得ることができます。従業員には自ら創意工夫することは求められず，もっぱら管理者の指示に従うことが期待されます。一方，管理者には，従業員が怠けたり自分勝手なやり方で作業を進めたりしないよう監視し，従業員が安全に働くことができ，働きに応じた賃金を得ることができるように，指示命令を与えて監督することが求められます。

　このように，権威と服従の関係の中で従業員は欲求を充足していくことができるとするのが，X理論的な管理の考え方です。働けば報酬，怠ければ罰という，いわば「アメとムチ」による管理といえます。

　けれども，この考え方の下では，従業員はマズローのいう欠乏欲求を充足させることはできても，自己実現に至る成長欲求を充足させることは困難です。では，従業員の自己実現欲求を充足させる管理とはどのような管理になるのでしょうか。マグレガーはこれを「**Y理論**」と名づけて，以下のようにまとめました。

- 仕事で心身を使うのは自然なことであって，遊んだり休憩をとったりすることと何ら変わるものではない。
- 外部から統制したり脅したりすることだけが，従業員を組織目標の達成に向かわせる手段ではない。人は自ら進んで受け入れた目標のためには，自分にムチ打ってでも働くものである。
- 自ら進んで目標達成に尽くすか否かは，それを達成することで得られる報酬次第である。そして，もっとも重要な報酬は，尊厳欲求や自己実現欲求の満足である。
- 人は条件次第では，責任を引き受けるばかりか自ら進んで責任をとろうとする。
- 組織内の問題解決のために高い創造力を発揮し創意工夫を凝らす能力は，一部の人間だけのものではなく，たいていの人間に備わっている。
- 現代の組織においては，従業員の知的能力はほんの一部しか生かされていない。

　Y理論的な管理思想では，人は仕事の上で成長することを求め，また成長する能力をもった存在であることを前提としています。こうした従業員にとって，外部から与えられる刺激や指示統制は，本人を脅かし，かえって不適応な状態を生み出すことになりかねません。成長を求める欲求を充足させるには，従業員が仕事の中に意義や誇りを見出し，能力を発揮し仕事を遂行する喜びをもつことができるような管理を目指すことが必要になります。マグレガーによれば，自己実現と組織の効果的運営とは，本来矛盾するものではありません。人は適切な機会が与えられれば，自発的に仕事に取り組み組織目標の達成を目指すこ

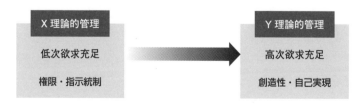

図4.2　X理論からY理論へ

コラム 4.1　X 理論的指導と Y 理論的指導

　モチベーションについて，人はそれぞれ，「モチベーションとはこうあるもの」とか「こうすればモチベーションは強まる」といった，いわば暗黙の仮定（持論）をもっており，こうした持論を通して，具体的な活動が方向づけられていきます。たとえばリーダーが X 理論に依拠するか Y 理論に依拠するかによって，集団や組織の活動も異なるものになってきます。

　小学校に勤める A 先生と B 先生は，教師として，「勉強するということを子どもたちはどう考えているか」について以下のような考えをもっています。

〈A 先生〉

　「子どもというものは，そもそも勉強など嫌いで，できることなら宿題や予習・復習などやらずに過ごそうとする。できればやりたくないという気持ちが強いので，教師が厳しく指導しないと，たいていの子どもは学校が目指すレベルの成績に届くような努力をしてくれない。結局子どもというものは，教師から厳しく指示されないと勉強せず，宿題や予習・復習などからは逃げたがり，大きな望みはもたずに，そこそこ学校生活が楽しめればいいと思っている。なので教師は，子どもたちが楽な方向に逃げてしまうことがないよう，しっかりした計画を立てて指導をしなければならない。」

〈B 先生〉

　「子どもが勉強するのはごく自然なことであって，遊んだり好きなことをするのと変わりはない。創意工夫する能力は，たいていの子どもたちに備わっており，そうした力を伸ばしてやることが大切で，教師が無理強いしたり厳しく指導したりすることだけが，勉強に取り組ませる手段ではない。子どもというものは，自分で納得いく目標を立てれば，その達成に向けて進んで勉強に取り組むものである。そのことで友だちや周囲から一目置かれたり，やり遂げた満足感などにつながれば，それがご褒美（報酬）にもなる。学校教育では，子どもたちのそうした能力を認め伸ばしてやるべきである。」

　あなたの教師観は，A 先生と B 先生，どちらの先生により近いでしょうか。

とができます。Y理論から考えるならば，仕事を通じて自己実現という高次の欲求を充足することのできる機会を従業員に用意することが，組織目標の達成につながることを，管理者は理解しなければなりません（図 4.2）。

4.3 アージリスの未成熟—成熟モデル

　X理論的な管理の下では，従業員は自らがもつ創意工夫の力を発揮する機会も与えられることなく，管理者の指示命令に従って行動することが求められます。いわば，大人の言うがままに動く小さな子どものような存在です。アージリス（Argyris, C.）は，組織におけるこのような管理のあり方が，従業員の成長にどのような影響を与えるかを探り，「**未成熟—成熟モデル**」を提唱して，組織における従業員の成熟を目指す管理の必要性を訴えました。

　アージリスによれば，人の成長過程には**図 4.3** に示すような 7 つのパーソナリティ上の変化がみられます。このような変化は人に一般的にみられるものではありますが，X理論的な管理の下では，従業員は表の右側のような成熟した状態であるよりも，受け身で服従的であることが期待されるがゆえに，図の左側のような未成熟な行動をとらざるを得なくなるのです。

　しかし，人が本来未成熟な段階から成熟した段階に向かって成長する存在であるならば，Y理論が示すような自己実現と成長を目指す施策が重要です。したがって，組織としては，組織本来の目的である仕事の遂行と業績の達成を目

幼児の状態（未成熟）	成人の状態（成熟）
受動的	能動的
他者依存	独立
数少ない限られたやり方	多くの違ったやり方
浅く移り気	深く強い興味
現在が中心の短期的展望	過去・未来を含む長期的展望
従属的	対等または上位の位置を望む
自己意識の欠乏	自己意識の発達と自己統制

図 4.3　未成熟から成熟への変化

指す中で，従業員の自己実現と成長を可能にする施策を取り入れることが求められます。その方策として，アージリスは，仕事の幅を広げることで従業員が本来もっている能力発揮の機会を増やす「**職務拡大**（job-enlargement）」を提唱しました。意思決定への参加制度や，仕事の上で自分の考えや意思決定を生かせる制度などはその例です。また，職務を拡大する中では，仕事を横に拡大していくだけでなく，責任や権限の範囲を広げて仕事に深みをもたらすことも有効です。後者は「**職務充実**（job enrichment）」ともよばれます[1]。

4.4　マクレランドの達成への欲求

　本章ではここまで，マズローの影響を受けた，従業員の自己実現を目指す欲求理論を紹介してきましたが，次に取り上げるマクレランド（McClelland, D. C.）の達成欲求に関する理論は，これらとは違った視点から欲求にアプローチするものです。

　人は，何かを達成したいとする欲求をもっています。これは達成への意欲とよべるものですが，マクレランドはこれを**達成欲求**（need for achievement; n-*Ach*）と名づけました。マクレランドのいう達成欲求とは，物事を成し遂げようとする意欲，他の人よりも高い水準で遂行しようとする意欲，競争では人に負けたくないという意欲など，日常生活の中でも私たちに馴染みの深いものです。達成欲求は**達成動機**（achievement motive）ともよばれます。マクレランドによれば，達成欲求の強い人には，自分で高い水準の目標を設定してチャレンジする，人とは違う独自のやり方を工夫する，時間がかかってもあきらめずに達成を目指すといった行動がみられます。

　マクレランドはこの達成欲求のほかに，2つの欲求を仮定しました。「**権力欲求**（need for power; n-*Pow*）」は，他者に影響力を行使し，他者をコントロールしたいという欲求（動機）です。権力欲求の強い人では，競争心が強く，責

---

[1] 仕事への負荷という視点からは，仕事の領域や幅を広げていく拡大は**水平的負荷**，仕事を深く掘り下げ経験を蓄えていく拡大（職務充実）は**垂直的負荷**ともよばれます。

任を与えられたり地位や身分に重きをおく状況を好み，結果よりも他者に影響を行使することを重視します。もう一つの「**親和欲求**（need for affiliation; n-*Aff*）」は，他者と友好的で密接な関係を維持したいという欲求（動機）です。親和欲求が強い場合には，他者から好かれたい，良い関係でいたいという思いが強く，心理的なプレッシャーに一人で耐えることが苦手です。

　マクレランドによれば，人はこれら3つの欲求をすべてもっており，その中の1つが強く現れてきます。3つの欲求には階層性や活性化の順位は存在せず，どの欲求が強く現れるかは，本人のパーソナリティや経験に依存します[2]。

　マクレランドは，達成への欲求は訓練によって強化することができるものであると考え，管理者用の達成欲求訓練プログラムも開発しています。このように，マクレランドは研究の世界だけでなく経営実務の世界でも力を発揮し，共同研究者と共にコンサルティングの会社も興しています。また，高い成果や優れた業績をあげている従業員（ハイ・パフォーマー）の行動を分析し，特定の仕事遂行に求められる能力や行動特性を明らかにする**コンピテンシー**（competency）とよばれる概念の導入も，マクレランドと共同研究者たちの仕事です。

　マクレランドが欲求という観点から達成志向行動にアプローチしたのに対して，大学院で彼の指導を受けたアトキンソン（Atkinson, J. W.）は，達成へのモチベーションという観点から達成志向行動を探りました。アトキンソンは，動機（motive）と動機づけ（motivation）を明確に区別しています。前者は，ある種の満足を得ようと努力する，個人的な傾向（個人特性）であり，その強さは個人ごとに異なるものとされます。これに対して後者は，動機，期待，誘因の相互作用の結果として生じる過程であり，同一の個人であっても，その強さは状況によって変動するものとされます。

　アトキンソンは，達成への動機づけを，3つの要因の相互作用（関数式）ととらえました。

---

[2] 後に，4つ目の欲求として「**回避欲求**（need for avoidance）」が追加されました。失敗や困難な状況を避けようとする欲求で，拒否されることへの恐れや，失敗することへの恐れ，一般的な不安を含む行動につながります。失敗だけでなく，成功することへの恐れも含まれます。

コラム 4.2　達成欲求（達成動機）が社会の発展に影響する

　マクレランドは，達成欲求を研究する中で，達成欲求の社会的な起源，達成欲求が社会に及ぼす影響についても調べています。彼は，一つの社会の成長や衰退は，そこに生きる人々の達成欲求が反映されていると考えました。つまり，その社会の中で暮らす人々の達成欲求が，企業活動の活発化に影響を及ぼし，経済成長や社会の近代化に結びつくというものです。

　この仮説を検証するにあたり，マクレランドは，16 世紀から 19 世紀のイギリスを対象に，それぞれの年代で流行した詩歌や小説などの文芸作品から，ランダムに 100 行を抜き出し，そこに現れた達成に関する語彙を数えました。そして，現れた語彙数とそれぞれの年代の石炭輸入量の指標とを比べると，ほぼ 50 年のズレをもって両者のグラフが重なることを見出しました（**図 4.4**）。すなわち，小さい頃から達成欲求を刺激されて育った子どもたちが，大人になり経済活動に参加するようになると，国の経済活動は発展し，達成欲求を刺激されなかった子どもたちが成人して経済活動に参加するようになると，国の経済活動は衰えるという解釈です。50 年ほどのズレは，経済活動の結果が現れるのにこれくらいの時間がかかるということです。

　ただ，大変興味深い研究ではありますが，グラフの形からだけでは十分な検証とはいえず，何か別の要因が働いている可能性も排除はできません。同様の研究は他には見当たらず，マクレランドの仮説が正しいかどうかを判断するには，慎重さが必要です。

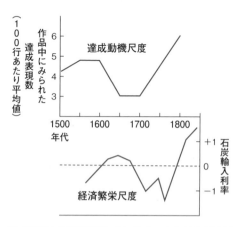

図 4.4　達成動機と経済的繁栄（McClelland, 1961 林監訳 1971）

動機づけ＝*f*（動機×期待×誘因）

　動機（motive）……ある種の満足を得ようと努力する比較的安定した個
　　　　　　　　　　　人的傾向。

　期待（expectancy）……ある行為がある成果を伴うであろうという見込
　　　　　　　　　　　み。成果が得られるかどうかについての主観的
　　　　　　　　　　　確率（0～1）で表される。

　誘因（incentive value）……目標に感じる魅力。誘因価ともいう。

　　　　　　　　　　　　　　　　　　　※*f*は関数関係を表す。

　アトキンソンによれば，達成を目指す行動は，成功に近づこうとする傾向と失敗を回避しようとする傾向の両面をもちます。そこで，達成志向の強さ（**接近動機づけ**）は，この2つの傾向の合成値として表すことができます。達成の見込みが高いやさしい課題では，達成しても大きな満足感は得られませんから，課題のもつ魅力は高まりません。したがって，積極的に取り組もうとするモチベーションは高まらないでしょう。反対に，達成の見込みが低い難しい課題では，達成したときの満足感は大きくなりますが，難しすぎて失敗の可能性が高くなると，失敗を恐れてしまい課題を回避しようとする気持ちが強まります。その結果，課題に取り組もうとするモチベーションは低くなることが予想されます。

　アトキンソンの理論式では，成功するか失敗するかの可能性が五分五分のときに，達成に向けて取り組もうとするモチベーションはもっとも強くなります[3]。

　アトキンソンの研究には，期待（expectancy）という概念が用いられていますが，この期待概念は，モチベーション研究の中でも重要な流れを形作るものです。期待の概念については，第7章で詳しく取り上げます。

---

[3] アトキンソンらが行った実験による実測値では，五分五分よりもやや難しい課題で達成への動機づけがもっとも強まることが示されました。

4.5　欲求系理論への関心

欲求の概念に基礎をおく行動研究はこれまで数多く生まれています。第3章および本章で紹介してきた研究は，いずれもそうした欲求系行動理論の歴史の中で代表的な研究であり，必ずしも新しいものではありません。けれども，21世紀に入っても欲求概念への関心は途切れることなく続いています。たとえば組織心理学者のレイサムとピンダー（Latham & Pinder, 2005）は，近年のワーク・モチベーションの枠組みの中で第一に欲求の概念を取り上げ，マズローの欲求階層説への関心が再び高まっていることを指摘しました。

また，ハスラム（Haslam, S. A.）たちは，人は個人としてのアイデンティティと，社会の一員としてのアイデンティティのどちらを強くもつかによって，欲求の向かう方向が異なり，アイデンティティと合致する目標を達成することに動機づけられると考えました（Haslam et al., 2000）。そして，監督者と従業員が同じアイデンティティを共有する場合にはY理論に基づく管理を，共有がない場合にはX理論に基づく管理を適用することを主張しました。このように，組織における欲求理論の展開は近年もまだ多くの研究につながっています。

こうした欲求に基礎をおく理論は，人はなぜ行動するのか，行動へのモチベーションを引き起こすものは何か（what?）という問いに対してヒントを与えてくれます。このように，人を動機づけるものは何かを探る視点に立つ理論は，**内容理論**（content theory）または**内容モデル**（content model）とよばれます。

けれども，内容理論のアプローチでは，なぜ，ある成果を得るためにある状況の中である行動が選ばれるのか，あるいはある状況の中でモチベーションが強まったり弱まったりするのはどうしてなのか，ということについては説明ができません。こうした，モチベーションがどのようにして（how?），どのような過程をたどって変化するのかを探る理論は，**過程理論**（process theory）または**過程モデル**（process model）とよばれます。過程理論については，章をあらためて説明することにします。

● **さらに学びたい人のための推薦図書**

アージリス，C. 伊吹山 太郎・中村 実（訳）（1970）．新訳　組織とパーソナリ
　　ティー──システムと個人との葛藤──　日本能率協会

マグレガー，D. 高橋 達男（訳）（1970）．企業の人間的側面──統合と自己統制に
　　よる経営──　産業能率短期大学出版部

太田 肇（2022）．日本人の承認欲求──テレワークがさらした深層──　新潮社

動機づけ─衛生要因理論

■学びのテーマ

　この章では，ハーツバーグの動機づけ─衛生要因理論をもとに，満足と不満足がどのような関係にあり，仕事態度にどのような影響をもたらすのかを学びます。

5.1　満足と不満足

　仕事でもスポーツでも，それに取り組む中で満足を感じることができれば，モチベーションの促進にもつながります。仕事の中で感じる満足は職務満足とよばれます。欲求との関連でいえば，取り組んでいる仕事を通じて本人のもつ欲求が充足されるほど，職務満足感は高まることが考えられます。反対の視点からみるなら，欲求充足がかなわない場合には不満足感が高まるともいえそうです。しかし，これは事実でしょうか。

　仕事を通じての満足と不満足の関係について実証的な研究を進めたのが，産業心理学者のハーツバーグ（Herzberg, F.）です。ハーツバーグが提唱した理論は「動機づけ─衛生要因理論」あるいは「2要因理論」とよばれています。本章ではこの理論について紹介していきます。

　厳密にいえば，満足は実質的に満たされている状態，満足感は満たされていると感じている状態を指すといえますが，ここでは満足という言葉の中に，満足を感じている状態，すなわち満足感も含めているものと理解してください。不満足についても同様です。

　私たちは通常，満足と不満足は連続体の両極，言い換えれば1本の軸の両端

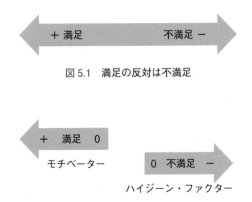

図5.1　満足の反対は不満足

図5.2　満足と不満足は別個の軸

にあるものととらえています。すなわち，満足の反対は不満足であり，満足
（＋）と不満足（－）は1本の軸の上に置かれる二律背反的なものであるとい
う考え方です（**図5.1**）。

　しかしハーツバーグと彼の共同研究者たち（Herzberg et al., 1959 西川訳
1966）は，この考え方に疑問をもち，満足と不満足は1本の軸の上にある二律
背反的なものではなく，それぞれが独立した軸（次元）であると主張しました。
つまり，満足は満足軸で，不満足は不満足軸で，それぞれ別個にとらえる必要
があるということです（**図5.2**）。ハーツバーグの言葉を借りれば，「人々を仕
事の上で幸せにする要因と，人々を仕事の上で不幸にする要因とは，たがいに
独立した別の要因である」ということになります。

5.2　モチベーターとハイジーン・ファクター

　満足と不満足がそれぞれ独立した軸上にあるということは，こういうことで
す。つまり，「満足」の軸では，満たされたときには満足感をもたらしますが，
満たされない場合でも満足感が弱まるだけであって，取り立てて不満足感を引
き起こすことはありません。この「満足─満足でない（満足ゼロ）」に関わる
要因を，ハーツバーグは「**動機づけ要因（モチベーター（motivator））**」と名

コラム5.1　なぜハイジーンだけ「ファクター」がつくのか？

　ハーツバーグの一連の原著書では，理論の名称は「motivation-hygiene theory」あるいは「motivator-hygiene theory」であり，日本語に訳せば本来は「動機づけ―衛生理論」となります。しかし，日本にこの理論が紹介されて以来，この2つの要因の日本での英語名称は"motivator"と"hygiene-factor"が定着しており，ここから理論の日本語名称も「動機づけ―衛生要因理論」となったようです。原著の名称通りであれば，hygieneの後ろには"factor"はつかないことになりますが，原著本文中に出てくる"factors of hygiene"がこのように名称として使われるようになったのだと思われます。

　本来の意味としては，motivation-factorとhygiene-factorになるのでしょうが，動機づけ要因のほうは「モチベーター（motivator）」という用語が使われているため，factorをつけなくても意味はわかります。一方，hygieneのほうはこれだけだと意味がわかりづらいため，あえてfactorをつけたのでしょう。

　正確さを期するためには，原典にあたってみることが必要な例といえそうです。

づけました。

　一方，「不満足」の軸では，満たされないときには不満足感をもたらしますが，満たされても不満足感が解消されるだけであり，特段の満足感が生まれることはありません。このような「不満足―不満足でない（不満足ゼロ）」に関わる要因は「**衛生要因（ハイジーン・ファクター（hygiene-factor））**」とよばれます。

　満足・不満足の感情をこのように2つの要因から説明するハーツバーグの理論は，「動機づけ―衛生要因理論」あるいは「2要因理論」とよばれます。従来考えられていた，満足と不満足は二律背反で対立するものとするとらえ方に対して，動機づけ―衛生要因理論では，満足の反対は満足ゼロ（没満足），不満足の反対は不満足ゼロ（没不満足）というように，満足と不満足を独立した軸（次元）ととらえ，一方の端がゼロであると考えます。

5.3 臨界事例法による調査

　ハーツバーグらは，アメリカペンシルバニア州ピッツバーグ市周辺の企業に働く技術者や会計士[1]を対象に，面接調査を行いました。当時ピッツバーグは鉄鋼業を中心とする重工業の中心地で，製鉄や機械製造の工場や関連会社が多く集まっており，当時の産業状況を代表するエリアでもありました。技術者を対象としたのは，それまでの予備研究で，鉄鋼業に携わっている技術者は，自らの作業経験について非常に鮮やかに説明できたことが明らかになっていたためです。ただ，1 つの職種だけでは標本に偏りが出てしまう懸念から，技術者と同様に仕事の中で技術が求められる会計士であれば，面接でも多くの説明が可能であろうとの考えに基づき，これら 2 つの職種から 203 名を対象として面接を実施しました。

　面接調査に用いられた方法は，**臨界事象法**あるいは**臨界事例法**（critical incident method）とよばれる方法でした。これは対象者が当該場面で強い感情を抱いたときのことを回想してもらう方法で，面接では，
①対象者が仕事の上でとりわけ強い満足感情や不満足感情をもったときの出来事
②そうした感情が生じた原因を本人はどのようにとらえているか
③そうした感情が本人の態度にどのような影響を及ぼしたか
について，詳しく語ってもらいました。続いて対象者は複数の質問に答えますが，それぞれの質問には必ず以下の項目が含まれます。
・際立った好感情（満足感情）または悪感情（不満足）経験が続いた期間
・際立った好感情（満足感情）または悪感情（不満足）経験のきっかけを作った一連の出来事

---

[1] 技術者は，設計あるいは技術的な仕事に携わっている従業員であり，単に監督のみという従業員は含まれませんでした。会計士については，社内の主任会計士から，監査担当者，組織上はさらにそれより下位に位置する会計担当者など，役員や一般事務職を除き会社の財務的な仕事に携わっている従業員が含まれました。面接対象者は，1 社最高 50 人として 9 社にわたりました。

表 5.1 職務要因と効果のカテゴリー (Herzberg et al., 1959 をもとに作成)

職務要因 (job-attitude factors)	承認 (recognition)，達成 (achievement)，成長可能性 (possibility of growth)，昇進 (advancement)，給与 (salary)，対人関係：対上司 (interpersonal relation: superior)，対人関係：対部下 (interpersonal relation: subordinate)，対人関係：対同僚 (interpersonal relation: peers)，監督技術 (supervision-technical)，責任 (responsibility)，会社の政策と管理 (company policy and administration)，作業条件 (working condition)，仕事そのもの (work itself)，個人生活諸要因 (factors in personal life)，地位 (status)，職務の保障 (job security)
効　　果 (effects of job-attitudes)	遂行効果 (performance effects)，離職 (turnover)，精神的健康上の効果 (mental health effects)，対人関係上の効果 (effects on interpersonal relationships)，態度効果 (attitudinal effects)，雑多効果 (effects as related to factors and to demographic variables)

•際立った好感情（満足感情）または悪感情（不満足）経験によってどのような効果が生じたか

　次に調査者は，対象者が回想した強い感情経験に含まれていた出来事について，あらかじめ用意した職務要因に分類していきます。ハーツバーグらの調査では，表5.1 に示すように，職務要因について 16 のカテゴリーに，好感情または悪感情がもたらした効果について 6 つのカテゴリーを用意し，聞きとった内容を分類整理しました。

　こうした方法で分類した結果，強い満足を感じたときと強い不満足を感じたときとでは，回想された出来事が異なっていることが明らかになりました（図5.3）。強い満足（調査では好感情）を体験したときの出来事としては，達成，承認[2]，仕事そのもの，責任，昇進という，主に仕事に関わる要因があがってきました。図5.3 からは，これらの要因が満足体験時には高い割合で出てきていますが，不満足体験時に現れる割合は高くはありません。すなわち，満たされたときには満足感が高まり，満たされない場合でも特段の不満足感にはつながらない要因であることが示されています。

---

[2] ここであがっている承認とは，ハーツバーグらによれば，人間関係の中での他者からの承認ではなく，達成したことに対する承認を意味しています。

要因	満足 体験時	不満足 体験時	
1　達　成	41	7	(%)
2　承　認	33	18	
3　仕事そのもの	26	14	
4　責　任	23	6	
5　昇　進	20	11	
6　給　与	15	17	
7　成長可能性	6	8	
8　対人関係（対部下）	6	3	
9　地　位	4	4	
10　対人関係（対上司）	4	15	
11　対人関係（対同僚）	3	8	
12　監督技術	3	20	
13　会社の政策と管理	3	31	
14　作業条件	1	11	
15　個人生活	1	6	
16　職務の保障	1	1	

満足体験時の回想には多く現れるが，不満足体験時には現れることが少ない。
出現率の差は統計的に有意。

不満足体験時の回想には多く現れるが，満足体験時には現れることが少ない。
出現率の差は統計的に有意。

※合計が100％を超えているのは，1つの場面に2つ以上の要因が現れる場合があるため。

図5.3　強い満足および不満足を体験したときの要因

　一方で，強い不満足（調査では悪感情）を体験したときの出来事としては，会社の政策と管理，監督技術，上司との対人関係，同僚との対人関係，作業条件，個人生活の要因といった，主に仕事環境に関する要因があがってきました。図では，これらの要因が不満足体験時には高い割合で現れていますが，満足体験時に現れる割合は小さいものであり，それらが満たされた場合でも満足感を生み出すことは少ないことが示されています。

5.4　軸が別であることの意味

　満足感と不満足感が1本の軸の上にないということは，仕事をする中でどのような意味をもつのでしょうか。それは，満足感につながる要因を積極的に充実させなければ，不満足に結びつく要因をいくら取り除いても，それだけでは満足感は生まれず，仕事へのモチベーションも高まらないということです。たとえば，上司の監督能力が低いと感じる場合には不満足感が高まり，それが仕

事へのモチベーションを低めてしまうことが考えられます。では，それが改善されたからといって，すぐに仕事に満足感を感じてモチベーションも高まるかというと，ハーツバーグの理論からは必ずしもそのような結果は生まれません。マイナスだったのがゼロまで戻るだけで，仕事への積極的なモチベーションを高めることにはつながりません。つまり，仕事を取り巻く環境的な条件を整備するだけでは仕事へのモチベーションは高まらないということです。モチベーションを高めやる気を生み出すには，達成感や責任感のもてる仕事，成果に対する承認といった，仕事に取り組むことから生み出される満足要因を充足させるように，仕事を設計していくことが必要となります。

　動機づけ要因は，仕事そのものに関連する要因であり，自らが積極的に関与し達成を求めることは，精神的な成長や自己実現欲求の充足にもつながります。これに対して衛生要因は，仕事を取り巻く環境に関連する要因であり，環境が整備されていないことからくる不快さを避けたいという，回避欲求の充足です

コラム 5.2　衛生要因という名称

　衛生要因というのは，ちょっと聞き慣れない名称ですが，ハーツバーグはどのような意味でこの名称を用いたのでしょうか。

　ハーツバーグによれば，衛生要因とは不健康な心理的作業環境を意味し，医学上の衛生概念と同様の意味をもっています。衛生とは，私たちを取り巻く環境から健康上の障害となるものを取り除く働きであり，手術や投薬といった治癒のための積極的な治療ではなく，不健康に陥るような状態を予防するものです。たとえば，伝染病の蔓延を抑えるために手を洗ったり消毒剤を散布する，細菌除去のために水を濾過するなどは，そのことが直接健康を保障するものではありませんが，衛生上からは必要なことといえます。

　ハーツバーグらの調査で抽出された，仕事を取り巻く環境要因は，それが解消されたからといって直接健康（満足）な状態になるものではありませんが，そのままにしておけば不健康（不満足）な状態を強めることになり，解消が必要となります。衛生要因とは，このような意味合いから用いられている名称なのです。

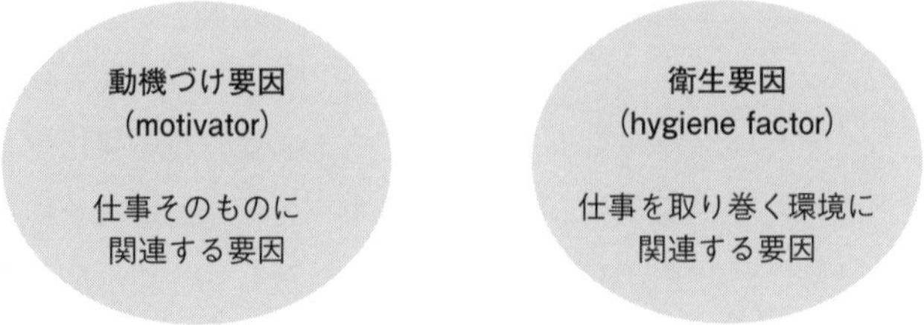

| 動機づけ要因
(motivator)

仕事そのものに
関連する要因 | 衛生要因
(hygiene factor)

仕事を取り巻く環境に
関連する要因 |

図 5.4　2 要因の意味

（図 5.4）。したがって，回避できればそこで行動は終息し，成長の感覚をもたらさないため，新たな行動へのモチベーションは生まれません。

5.5　給与はどちらの要因か

　同じ時期にアルバイトに採用された A さんと B さんの 2 人。仕事内容も変わりはなく，働きぶりについても周囲の評価に大きな違いはありません。ところがあるとき A さんは，B さんの時給が自分よりも 10 円高いことを知りました。わずか 10 円とはいえ，A さんは面白くありません。仕事にも熱が入らず，リーダーへの不満が高まっていきます。A さんの仕事ぶりの変化に気づいたリーダーがその理由を調べてみると，どうやら同期の B さんとの時給の差が原因であることがわかりました。そこでリーダーは自分の裁量で A さんの時給を 10 円上げて，B さんと同じ額にしました。その後 A さんは，

（1）不満だった時給の差が解消されたので，仕事へのモチベーションが高まり，それまで以上に働くようになった。

（2）本来 B さんと時給に差があることがおかしかった。ようやく本来のあるべき状態に戻っただけであり，これで仕事への意欲が特別高まるわけではない。

　さて，あなたの答えは（1）でしょうか，それとも（2）でしょうか。

　給与（賃金）の問題は，なかなか難しいものがあります。（1）では時給が上がったことが満足に結びつき，仕事へのモチベーションが高まったといえます。一方（2）では，不満足は解消されたもののモチベーションの上昇には結びつ

いていません。いわばマイナスがゼロに戻っただけともいえます。私たちの経験からしても，どちらもありそうなことです。

　ハーツバーグらの調査では，どのような結果が得られているでしょうか。図5.3をみると，給与は満足体験時の回想の中に出てくる割合が15％，不満足体験時の回想に出てくる割合が17％とほぼ拮抗しており，どちらともいえません。いったい給与やボーナスといった賃金要因は，動機づけ要因なのでしょうか，それとも衛生要因なのでしょうか。

　ハーツバーグらの調査結果をみる限りでは，明確にどちらと断定することはできないように思えます。けれどもハーツバーグは給与を衛生要因の中に加えています。その理由としては，満足体験時の回想の中で給与が話題になったとき，その多くが他の動機づけ要因と関連して出てきているということでした。つまり賃金要因は，単独では動機づけ要因として機能しないという解釈です。さらに，不満足体験時に給与が話題に出た場合には，その不満足感が明らかに長く続いたのに対して，満足体験時では持続期間に明確な特徴はありませんでした。

　このような結果から，ハーツバーグは給与を衛生要因に含めましたが，この解釈が正しいかどうかは答えが出ていません。安藤瑞夫（1975）の指摘によれば，ハーツバーグはその後の研究の中で賃金要因については言及しておらず，疑問は残されたままです。

　そもそも，給与とは私たちにとってどのような意味をもつものなのでしょうか。安藤は，産業・組織心理学者ロウラー（Lawler, 1971 安藤訳 1972）の言[3]を引用し，組織においては，給与がしばしば従業員によって不満を表す「象徴」として使われることを指摘しています。すなわち，本来給与は無色透明なものであって，それに「色」をつけるのは従業員であり，会社に対するさまざまな不満を，「給与が低い」「低賃金である」というように，金銭という象徴を介して表明しているということです。

　ロウラーのいうように，給与は従業員と組織の意思疎通の媒体（道具）であ

---

[3] 「給与は誰にもわかる共通言語である。そして，このゆえに，それは組織がその全従業員と意思を疎通するための媒体なのである。」（Lawler, 1971 安藤訳 1972 p.393）

るとすれば，賃金それだけを取り出して動機づけ要因か衛生要因かを判断することは適切ではありません。こうした指摘からも，給与という要因の位置づけについては依然として問題が残ります。

5.6　ハーツバーグ理論の影響

　ハーツバーグ理論の斬新さは，満足と不満足が二律背反的なものではなく，独立した要因であるという指摘にあります。つまり，衛生要因の充足を主眼とする経営施策では，不満の解消しかできず，しかもその効果は短期間しか保たれない（すぐまた次の不満が生まれる）ということです。他方，動機づけ要因は個人が自分を生かし成長することと結びつくものであるがゆえに，自己実現へと向かって長期間にわたりモチベーションを促進します。したがって，動機づけ要因を充足させる施策を積極的に取り入れることが，組織としての生産性を高めることになります。

　ハーツバーグの主張は，それまで経営の中で重視されてきた人間関係論に，実証的なデータを示して疑問を投げかけることになりました。ハーツバーグらの調査によれば，人間関係は仕事の環境に含まれるものであって，積極的な満足を生み出すものではありません。満足は仕事の中で生み出されるものであり，それが成長や自己実現につながります。こうして，仕事を通じて従業員が自己実現を目指すことのできる経営施策の重要性が説かれることとなりました。

　このようにハーツバーグ理論は，経営の中に自己実現を目指す人間という新しい人間観を広めたことで，経営学の領域にも大きな影響を与えました。産業界で広く浸透していたテイラー（Taylor, F. W.）の**科学的管理法**では，従業員に仕事をできるだけ単純化して与えていく職務単純化（job simplification）の思想が中心にありましたが，ハーツバーグ理論では仕事への満足が成長や自己実現につながることが示され，仕事についてのとらえ方に大きな変化が生まれました。

　その一つが，第4章でも紹介した，仕事の領域や数を増やして，単純なものから幅広く複雑なものへと広げていく「**職務拡大**（job enlargement）」という

考え方です。ただ，仕事を横に広げていく水平的な拡大では，かえって仕事の
負荷が増えてしまうおそれも生じます。ハーツバーグは，こうした横への広が
りだけでは不十分であり，動機づけ要因が仕事の中で充足されるには，仕事に
付与される権限や裁量の幅を広げて仕事に深みをもたせる**職務充実**（job en-
richment）が重要であることを強調しました。

5.7　理論への批判

　理論が提唱されて以来，与えた衝撃の大きさゆえに，多くの国や研究者の間
で検証がなされました。しかし，結果は理論を支持するものとしないものに分
かれ，特に不支持派からは激しい批判がなされました。

　たとえばダネットら（Dunnette et al., 1967）は，同じ要因であっても，従業
員にとって満足を生み出すこともあれば，不満足の原因となることもあり，ど
ちらかの要因に分けることはそもそも無理があると述べています。また，ロウ
ラー（Lawler, 1971）は，給与が衛生要因であるかどうかについて，給与の重
要性について行われた 49 の研究を概観し，給与が人を動機づけるに足るだけ
の重要性をもち得るものであるということを強く主張しています。

　今少し批判研究を紹介すると，ロック（Locke, 1976）は，ハーツバーグら
の調査では，仕事が忙しいという言及は「仕事そのもの」のカテゴリーに，仕
事量の多寡に関する言及は「労働条件」カテゴリーに分類されるなど，出来事
の分類方法が曖昧で客観性に欠けると指摘しています。また，西田（1976）は，
技術者と会計士は専門的知識を有する職種であり，他の職種や組織に広くあて
はまるものであるかどうかは疑問であるとする批判があることを紹介していま
す。

　特に，ハーツバーグらと同じ臨界事例法を用いた研究では，どれも理論を支
持する結果は得られず，方法の妥当性に関して大きな疑問が投げかけられまし
た。この方法は対象者に重要な出来事を思い出させるという「回想法」を用い
ていますが，こうした方法では，客観的な事実というよりも，対象者のもつ願
望によって事実が歪められてしまうという，いわば社会的望ましさ（social de-

sirability）が反映されてしまう可能性も指摘されています。

　わが国でも 1960 年代に理論が紹介されると，ただちにいくつかの検証研究が発表されました。しかし，衛生要因の中には動機づけ要因としての働きをもつものもあって明確なパターンが見出せない（松井・竹内，1969），動機づけ要因そのものが見出せない（西川，1969），ハーツバーグの分類した要因とは一致しない（角，1970）など，ハーツバーグの見解を全面的に支持する研究はほとんどみられませんでした。このように，ハーツバーグの理論はその後の検証研究の中で大きな論争を巻き起こし，今も結果には肯定的な見方と否定的な見方とが続いています。

5.8　理論がもつ意義

　動機づけ—衛生要因理論はモチベーションの理論というよりも，満足と不満足の構造に関する理論であるといえます。また，理論の検証結果も支持と不支持に分かれています。けれども，従業員の満足感は仕事を通して高められること，そしてそのことが従業員の自己実現を促進するのだという主張は，何がワーク・モチベーションを促進するのかという問題を探る上でも示唆に富むものです。ハーツバーグによれば，衛生要因を主眼とする会社と従業員との関係（労使関係）は，不満とそこから生じる人事的な問題しか防止できず，その効果も長くは続きません。一方，動機づけ要因は，個人が仕事の中に成長可能性や自己実現の可能性を見出すことができるものであり，それは仕事へのモチベーションにつながります[4]。そのためには職務拡大だけでなく職務充実施策が重要であるという指摘も，ワーク・モチベーションを探る大きな手がかりになります。

　理論をめぐっては，今なおさまざまな問題が残っており，多くの研究者からの批判があることも事実です。しかし，仕事に含まれる要因（動機づけ要因）

---

[4] 満足がワーク・モチベーションにつながるのではなく，ワーク・モチベーションが高まった結果として満足を感じるのだという，ヴルーム（Vroom, 1964）の批判もあります。

がもたらす心理的効果に注意を向け，経営における人間観に新しい流れをもたらしたという点では，その功績は大であるといってよいでしょう。

● **さらに学びたい人のための推薦図書**

ハーズバーグ，F. 北野 利信（訳）（1968）．仕事と人間性──動機づけ―衛生理論の新展開── 東洋経済新報社

小野 公一（1993）．職務満足と生活満足感──ゆとりの時代の人事・労務管理へのクオリティ・オブ・ワーキング・ライフからのアプローチ── 白桃書房

内発的モチベーション 6

┌─ ■学びのテーマ ─────────────────────
│ 　この章では，「これをやっていると楽しくてわくわくする」「もっとやり
│ たい」「もっと知りたい」というような，自らの内側から湧き上がってく
│ る内発的モチベーションの特徴と重要性について学びます。
└──────────────────────────────

6.1　外的報酬と内的報酬

　「報酬」には「外的報酬」と「内的報酬」があります。「**外的報酬**」とは，金
銭的報酬や上司や同僚からの評価や賞賛，表彰，昇進など自分以外の他者に
よって外からもたらされる報酬です。「**内的報酬**」とは，何らかの活動をする
ことによって生じるポジティブな感情や満足感などのような，個人の内面から
生じている報酬です。たとえば，私たちは趣味や遊びの場面で，金銭的な報酬
や他者からの評価などを意識せずに，その活動をすること自体が楽しくて，時
間を忘れるほど夢中になることがあります。仕事場面でも，仕事をやり遂げた
ときの「達成感」や，できなかったことができるようになったときの「成長の
実感」，お客様や依頼者から感謝されたときの「充実感」などの自己の内面か
ら湧き上がるポジティブな感情を実感して，「もっと頑張ろう」と意欲が高ま
ることがあります。このように何らかの活動をすることによって，心の中から
湧き上がってくるポジティブな感情や満足感は報酬としての働きをもつと考え
られています。

6.2　外発的モチベーション・内発的モチベーション

外的報酬あるいは罰や強制のように，自分以外の他者によって外部からもたらされるものによって生じたり強められたり弱められたりするモチベーションを，**外発的モチベーション**（extrinsic motivation）とよびます。外発的モチベーションは，ある活動が外的報酬を獲得するためや罰を回避するための手段になっている状態であり，行動の原因が他者（自分自身の外部）からもたらされることを意味します。一方，**内的報酬**（達成感，成長感，有能感，活動自体の楽しみなど）によって生じたり強められたり弱められたりするモチベーションを，**内発的モチベーション**（intrinsic motivation）とよびます。内発的モチベーションは，特定の課題に取り組むことの目的が自分自身の内部にあり，外的報酬がなくてもその活動を維持する状態を意味します。外発的モチベーションと内発的モチベーションの相違点は**表 6.1** のようにまとめられます。

外発的モチベーションに基づく行動を維持するためには，常に外的報酬が必要であり，外的報酬がなくなった場合はその行動へのモチベーションが低下します。一方，内発的モチベーションに基づく行動は，その行動自体から内的報酬（満足感，達成感，充実感，喜び，成長の実感等）を得られるため，より意欲的になり，行動の持続期間も長くなり，高いパフォーマンスや創造性に結びつくと考えられています。

表 6.1　**外発的モチベーションと内発的モチベーションの相違点**

	外発的モチベーション	内発的モチベーション
①行動が何によって生じるか	他者からの働きかけ	自らの意志
②行動がどのようにして維持されるか	機械的，効率的	模索的，漸進的（目標や目的に向かって順を追って進む）
③行動が何によって終結するか	予告された報酬や罰，評価が与えられること	自分の好奇心や向上心が満足すること

6.3 内発的モチベーションを促進する 3 つの基本的心理欲求

　デシ（Deci, 1975 安藤・石田訳 1980）[1]は，人は**基本的心理欲求**として「自己決定（自律性）への欲求」と「有能さへの欲求」の 2 つの欲求をもち，それらが満たされると内発的モチベーションは増大し，それらが阻害されると内発的モチベーションが低下すると仮定しました。「**自己決定（自律性）への欲求**」とは，自らが自らの行動の原因でありたい，自分の行動を自己決定できる主体でありたいと願う欲求です。たとえば，自分で自由に選択した仕事や勉強に主体的に取り組める状態のとき（＝自己決定への欲求の充足），内発的モチベーションが促進されると考えられます。「**有能さへの欲求**」とは，環境と効果的に関わっていく能力をもつ存在でありたい，有能でありたいという欲求です。たとえば「自分は，その仕事を成し遂げて良い結果が出せる」という自信があると（＝有能さへの欲求の充足）内発的モチベーションは促進されると考えられます。反対に，「自分にはこの仕事をやり遂げる能力がない」と思いながらでは，その仕事自体を楽しむことはできず，内発的モチベーションにはつながらないと考えられます。

　その後デシは，共同研究者であるライアンらと共に内発的動機づけに関する研究を**自己決定理論**として発展させ，上記の基本的心理欲求として想定した「自律性への欲求」と「有能さへの欲求」に，新たに第 3 の心理欲求として「関係性への欲求」を加えました（Ryan & Deci, 2000）。**関係性の欲求**とは「愛したい，愛されたい，思いやってあげたい，思いやりを受けたい」という，他者や社会と温かいきずなやつながりをもっていたいと願う欲求です。たとえば，仕事や職場の人間関係が良好で，お互いを思いやることができる関係性が構築されていることは（＝関係性への欲求の充足），内発的モチベーションの向上や維持につながると考えられます。

　自己決定理論によると，「自律性への欲求」「有能さへの欲求」「関係性への

---

[1] デシ（Deci, 1975 安藤・石田訳 1980）は，「内発的に動機づけられた行動とは，人がそれに従事することにより，自己を有能で自己決定的であると感知することのできるような行動である」と定義しました。

欲求」が同時に充足されるような状況下で，もっとも人が意欲的に活動すると考えられています。デシらは，「人々は，有能で自律的（自由）でありながら，他者と結びついていたいとも願っている」と言及し，医療，教育，仕事，スポーツ等における環境やコミュニケーションにおいて，3つの欲求「自律性への欲求」「有能さへの欲求」「関係性への欲求」が充足されることによって，内発的モチベーションが高められ，成長やウェル・ビーイング（身体的・精神的・社会的に良好で，幸福）な状態が促進されると主張しています。このことの例として，運動をすることが嫌いな人が，親友に付き合って一緒にランニングを始めたことをイメージしてみましょう。「付き合い」のつもりで親友とランニングを続けているうちに（関係性），長距離を走れるようになり（有能さ），次第に走ることが楽しくなって，大会への出場を目指して自分からトレーニングするようになり（自己決定・自律性），健康や仕事のストレス解消にも運動は重要だと，ランニングを習慣化することの価値を再認識して，楽しみながら積極的に取り組むようになるということがあります。

6.4　外的報酬と内発的モチベーション

6.4.1　アンダーマイニング効果

　アンダーマイニング効果とは，内発的モチベーションに基づいて何らかの活動に取り組んでいる個人に対して，金銭などの外的報酬を与えると内発的モチベーションが低下してしまうことです。デシは，外的報酬が内発的モチベーションを低下させることを実験によって示しました。この実験では，大学生を実験群と統制群の2つのグループに分けてソマ（Soma）というパズルを3日間にわたって行わせました。実験群は1日目と3日目には自由にパズルを行い，2日目だけ，パズルが解けるたびに金銭的報酬が与えられました。ただし3日目に実験群は，報酬の資金がなくなったため報酬は与えられないことが告げられました。統制群は3日間，報酬は与えられず自由にパズルを解きました。内発的モチベーションの高さは，3日間それぞれの休憩時間（8分間）の間にどれだけの時間をパズルに費やしたかで測定しました。その結果，1日目は両群

コラム 6.1 外的報酬が働く人のモチベーションを低下させる

「国民生活に関する世論調査（令和元年度）」（内閣府, 2019）によると, 人々に働く目的は何か尋ねたところ, 「お金を得るために働く」と答えた者の割合が56.4％ともっとも高くなっています[2]。この調査が示すように, 私たちが働く理由は生活の糧を得るためでもあるので, 仕事場面では金銭的報酬などの**外的報酬**がモチベーションを高めることは容易に予想できますが, 人材マネジメントの観点からは, 働く人に外的報酬を与えることのマイナス面が指摘されています（金井, 2006）。第1に, 外的報酬は, 一度使いだしたら簡単にやめることができなくなるという側面があります。従業員に対して金銭的報酬でモチベーションを高めた場合, 継続して同じ成果を期待するのならば, 同じ額を与え続ける必要があります。成果を上げようとするならば, 報酬も連動して引き上げていかなければなりません。会社全体の業績の高低に関わらず従業員の成長に応じて金額を上げていかなければモチベーションが低下する可能性もあるので, 物理的な限界があります。第2に, 外的報酬は人間関係を悪化させる可能性があります。成果や競争に応じて賞与などの報酬が与えられる場合には, 報酬の受け取りにおいて勝ち・負けが意識され, 競争で負けた人のモチベーションが低下したり, 成果を出せそうにない（勝てそうにない）と思った従業員が不安を感じたり努力することをあきらめたりすることも考えられます。さらに職場の緊張感が高まり, 人間関係がギスギスしたりする可能性があります。第3に, 外的報酬は従業員の創意, 工夫, チャレンジ精神を阻害する可能性があります。外的報酬によるマネジメントは「これをすれば, これを与える」という評価システムの下で仕事を遂行させることになるので, 従業員は「報酬を得るのに必要なだけの仕事をやり, それ以上はやらない」という視野狭窄になる危険性があります。外的報酬で働く人のモチベーションを高めようとする場合には, これらのマイナス面を考慮し, 提示の仕方等を工夫する必要があります。

また, 実際の仕事では, 努力したことが必ずしも昇給や昇進によって報われるわけではありません。そのような場合, 外的報酬のみを意識している人のモチベーションは低下します。したがって職場などにおける日々のマネジメントの場面では, 外的報酬を意識させることに偏らず, 自ら行動を起こすことや挑戦する機会を与え, 自己決定的に取り組むことによって得られる「達成感」や「成長の実感」がもてるようにするなど, 内発的モチベーションを刺激する働きかけ[3]も重要です。

---

[2] 次いで「生きがいをみつけるために働く」17.0％, 「社会の一員として, 務めを果たすために働く」14.5％となっています。

[3] たとえば, 以前はできなかったことができるようになったということを意識させるような声かけをしたり, 合意の上で仕事の難易度を上げたりすることも, 達成感や成長の実感を促すことにつながります。企業における内発的モチベーション向上のための具体的な施策としては, 社内公募制などがあげられます。

に差はありませんでした。2日目は，パズルを解くたびに金銭的報酬を与えられた実験群のほうがパズルを解くことに長い時間を費やしました（平均5分間以上）。統制群の費やした時間は1日目と変化がありませんでした。3日目は，報酬なしと告げられた実験群が休憩時間にパズルを解くことに費やした時間が明らかに少なくなりました。一方，統制群はこれまでと変化なく休憩時間にパズルを楽しんでいました。

　この実験は，楽しいから，好きだから行っていたパズルを解く行動（目的）が，金銭的報酬を受け取ることによって，「お金のため」という外的報酬を得るための手段になってしまったことを意味します。そのために，パズルを解く好奇心や達成感による喜びが失われ内発的モチベーションが低下してしまったのです。また，デシは次のような寓話[4]を例示しています。

　　ある洋服屋の店主は，毎日のように不良少年たちにやじをとばされて困っていました。そこで洋服屋は不良たちがやじるたびにお小遣いをあげるという妙案を思いつきました。不良たちがやってきて洋服屋をやじると，彼は店先に出て彼らに向かい，「今日からやじをとばす子には，10セント銀貨をあげよう」と言い，不良たちに10セントずつを与えました。大喜びした不良たちは，翌日もやってきて，やじりました。洋服屋は笑みを浮かべながら顔を出し，ポケットに手を入れて，不良たち一人ひとりに「10セントは多すぎる。今日は5セントしかあげられないよ」と言いながら5セント白銅貨を与えました。5セントもお金に変わりはないので，不良たちは満足げに立ち去っていきました。しかし，彼らがその翌日またやってきてやじると，洋服屋は，彼ら一人につき1セントしか与えませんでした。「今日は，なぜたったの1セントなんだい」と不良たちはわめきました。「私にできるのは，これが精一杯だ」「だけど，おとといおじさんは10セントをくれたし，きのうは5セントくれたじゃないか，おじさん，それじゃあんまりだぜ」「受け取るのがいやなら置いていくことだ」「おれたち

---

[4] デシは，第1次世界大戦後の保守的なアメリカ南部の寓話を引用して，アンダーマイニング効果を説明しています。

が，たったの1セントであんたをやじるとでも思っているのかい」「いや
ならそうやってやじをとばさなくてもいいんだがね」。案の定，彼らは，
もう洋服屋の店先で彼をやじることをしなくなりました。

（Deci, 1975 安藤・石田訳 1980 をもとに作成）

　この寓話も，内発的モチベーションによる行動が，外的報酬を得ることに
よって，外的報酬を得る手段に変わり，その後報酬を得ることができなくなる
と，その行動を止めてしまうことを示しています。また，一度金銭的報酬を受
け取ったら，その報酬が受けられなくなっても，再び内発的モチベーションを
高めることが難しいことを示しているといえるでしょう。

　アンダーマイニング効果に対して，賞賛や承認などの外的報酬によって内発
的モチベーションが強化されることを「**エンハンシング効果**」とよびます。例
として，子どもが自分から進んで勉強をしているところに「よく頑張っている
ね」などの褒め言葉や承認などの外的報酬を与えるとより意欲的に取り組むこ
とがあげられます。

6.4.2　外的報酬がもつ「制御的（コントロール）側面」と「情報的側面」

　前項ではアンダーマイニング効果について解説しましたが，本人が面白がっ
て好きで仕事に取り組んでいたら，報酬（給料，ボーナス）は与えなくてもよ
いのでしょうか。デシによると，外的報酬には，報酬を提供する側の人が，報
酬を受ける人の行動をコントロールするという「制御的（コントロール）側
面」と，報酬を受ける人の行動の結果の価値や効果を知らせる「情報的側面」
の2つの側面があります。報酬の「**制御的（コントロール）側面**」が表れると
いうことは，報酬を受ける人が「報酬によってコントロールされている」のを
意識するということです。報酬によって「報酬が与えられるのでその行動に従
事している」「外部から与えられる報酬によってその行動はコントロールされ
ている」という感覚が生じると，当人の自己決定の感覚（自律性，自分で自分
の行動を決定している，楽しくて好きだからその活動をしているという感覚）
が低下することになり，内発的モチベーションが低下します[5]。

　「**情報的側面**」は，報酬を受ける人が，仕事や課題に取り組んだ成果として
報酬が得られた場合，その報酬が当人に「有能で自己決定的である」という情
報を提供する役割をもつということです。報酬を受けた人は「自分の能力と積
極的に努力した結果得られたもの」と意味づけることができるので，有能感と
自己決定感を高めることができ，内発的モチベーションにつながります。

　このように内発的モチベーションは外的報酬の「制御的側面」と「情報的側
面」とのバランスによって左右されます。外的報酬がもたらす情報的側面が制
御的側面より大であれば，外的報酬のもつアンダーマイニング効果は緩和され
ることになります。モチベーション・マネジメントにおいて外的報酬を活用す
るときには，報酬を受ける人の有能感の確認や自己決定の機会が含まれるよう
な提供の仕方をすることが有効です。

6.5 外発的モチベーションと内発的モチベーションの連続性

　前述したように，内発的モチベーションに基づく行動は，行動すること自体
が目的であり，満足感や喜びの源となっているため，高いパフォーマンスや創
造性，行動の持続に結びつきます。しかしながら，仕事や学習の場面で，外的
報酬や外部からのコントロールがまったくない状態というのはほとんどあり得
ませんし，自分の興味のないことや苦手なことであっても，取り組まなければ
ならない課題が存在するのが現実です。外発的モチベーションに基づく行動か
らは，より質の高いパフォーマンスや成果を生み出すことはできないのでしょ
うか。

　「**有機的統合理論**」[6]（Ryan & Deci, 2000）では，外発的モチベーションと内発
的モチベーションは連続したものであるととらえます。たとえば，仕事の場面

---

[5] 外的報酬以外にも「脅威，締切，指示，評価へのプレッシャー，課された目標」
は，自己決定感を低下させるため内発的モチベーションを低下させることが報告さ
れています（Ryan & Deci, 2000）。

[6] 有機的統合理論は，自己決定理論を構成するミニ理論の一つです。ライアンとデ
シは，従来の内発的―外発的という対極的なとらえ方ではなく，両者を連続線上に
位置づけました。

で，上司から指示されたタスクに対して，最初は，「上司に命令されたから」
「報酬のために（あるいは罰を受けないように）」といった外発的モチベーショ
ンに基づいて仕事を進めているうちに，次第に「この仕事は会社にとって重要
なことだからしっかりやろう」「この仕事をやり遂げることは自分の価値観と
一致しているから頑張ろう」と，仕事に自分なりの意味づけがもてるようにな
り，仕事そのものに価値や魅力を感じられるようになることがあります。

　有機的統合理論では，モチベーションを，無気力（モチベーションなし），
外発的モチベーション，内発的モチベーションに分け，**図 6.1** に示すように，
さらに外発的モチベーションを**自己決定（自律性）**の程度によって 4 段階「①
外的調整，②取入れ的調整，③同一化的調整，④統合的調整」に細分化し区別
します。自己決定の程度が低い①外的調整（外部から統制されて，やらされて
やる）や，②取入れ的調整（プレッシャー，心配，義務感から，しなくてはい
けないからやる）の段階では，課題や行動に取り組む重要性や価値が意識され
ていない，他律的な状態を意味します。それに対して，③同一化的調整（その
行動や目標を受容，重要だからやる）や，④統合的調整（行動そのものに価値
や魅力を感じ，やりたくてやっている）の段階では，課題や行動の意義を見出
して，主体的に取り組むことができる状態を意味します。外発的モチベーショ

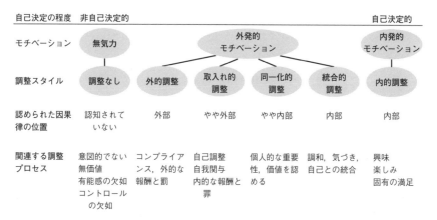

図 6.1　自己決定（自律性）の程度による動機づけの分類（Ryan & Deci, 2000 をもとに作成）

ンに基づく行動は，その行動の重要性や価値が，本人に自らのものとして取り入れられる（内在化される）ことにより，次第に「自己決定（自分で決めて行動している）」の感覚を伴うようになり，最終的には内発的モチベーションに基づく行動と近いような形でパフォーマンスに影響を及ぼすようになると想定されます。この理論には，働く理由が「生活の糧を得るため」という外発的なものだったとしても，仕事において自分なりの目標を設定したり，価値を見出そうとしたりするなどの心がけ次第で，仕事に夢や生きがいをもてるようになる可能性が示されています。

コラム 6.2　「楽しさ」が生まれるのはなぜ？──フロー体験

　私たちは，スポーツやゲーム，音楽の演奏，読書，絵を描くなどの創作活動などの場面で，その活動が楽しくて集中してのめりこみ，気がついたら「あっ」という間に時間が過ぎてしまっていた，という体験をすることがあります。チクセントミハイ（Csikszentmihalyi, 1975 今村訳 2000）は，このような体験を「フロー（flow）」と名づけました。「フロー」は「流れ」「意識の淀みない流れ」を意味する言葉です。チクセントミハイによると，フローとは「一つの活動に深く没入しているので他の何ものも問題とならなくなる状態，その経験それ自体が楽しいので，純粋にそれをするということのために多くの時間や労力を費やすような状態」と定義されます（Csikszentmihalyi, 1990 今村訳 1996）。フローは，自分の心理的エネルギーが現在取り組んでいる対象に完全に注がれている状態であり，スポーツの場面では「ゾーンに入る」と表現されることがあります。

　チクセントミハイは，フロー体験（flow experience）としての「楽しさの要素（人は最も楽しい時にどのように感じているのか，そしてそれはなぜなのか）」を明らかにするために，さまざまな文化，社会階層，年齢，性別の人々を対象とし，「最も生き生きした経験をしている時の感じ，その活動が楽しかった理由」を調査しました。「楽しさの主要な構成要素」は次の8つにまとめられます。
①通常その経験は，達成できる見通しのある課題と取り組んでいる時に生じる。
②自分のしていることに集中できている。

③行われている作業に明確な目標があり，直接的なフィードバックがある。

④意識から日々の生活の気苦労や欲求不満を取り除く，深いけれども無理のない没入状態で行為している。

⑤自分の行為を統制できているという感覚をともなう。

⑥自己についての意識は喪失するが，これに反してフロー体験の後では自己感覚はより強く現れる。

⑦時間の感覚が変わる。数時間は数分のうちに過ぎ，数分は数時間に伸びるように感じられることがある。

⑧その活動を行う経験自体が目的であり，内的報酬となる。

　この結果に基づいてチクセントミハイは，フロー体験の特徴を次の7つにまとめています。

①能力を必要とする挑戦的活動（退屈と不安の境界，その人の挑戦レベルが，能力レベルとうまくつり合っている時に生じる）。

②行為と意識の融合（活動の中に意識が没入している）。

③明確な目標とフィードバック（目標が常に明確で，フィードバックが直接的である）。

④今していることへの注意集中（フローの継続中は生活の中での不快なことのすべてを忘れる。現在行っていることに無関係な情報を意識することがない，高度に精選された情報しか意識化することができない）。

⑤統制の逆説（困難な状況の中で，統制されているという感覚ではなく，自ら自分の行為や環境を統制しているという感覚）。

⑥自意識の喪失（自己へのこだわりがなく，自分を吟味することがない。自分という存在の境界が拡大する感覚）。

⑦時間の変換（時間が通常とは異なる速さで進む。フローを体験している時間の感覚は時計によって測定される時間の経過とはほとんど無関係である）。

　上記①〜⑦について，具体的な例としてテレビやスマートフォンの「ゲーム」でのフロー体験をイメージしてみましょう。

①能力を必要とする挑戦的活動……簡単にクリアできるゲームだとつまらないし，難しすぎると面白くないので，挑戦レベルが，能力レベルとうまくつり合っているゲームをしている。

②行為と意識の融合……ゲーム中，意識はボタンやコントローラーを持つ手と一体化している感覚になる。

③明確な目標とフィードバック……クリアするための基準は明確で，フィードバックは，他者を介さずともゲームの進行からわかる。

④今していることへの注意集中……ゲーム中は，画面とボタンやコントローラーの操作に完全に集中して，現在行っていることに無関係なこと（課題や悩みなど）を意識することがない。

⑤統制の逆説……クリアすることが難しい状況になっても，ゲームを自分がコントロールしているという感覚をもっている。

⑥自意識の喪失……ゲームに没頭している。

⑦時間の変換……ゲーム中は，時間が通常とは異なる速さで進む。ゲームをしているとあっという間に時間が過ぎたように感じる。

　フロー体験は内発的モチベーションによる活動の究極であるととらえることができます。フロー体験によってもたらされる楽しさや充実感は，主観的幸福感，生産的活動への参加意欲や学習意欲，創造性に関連し，フローを多く経験することが，人の健全な発達を促進すると考えられています。

　フロー状態は，余暇や趣味などの楽しむことを目的とした活動だけでなく，収入を得ることを目的とした仕事の場面でも発生します。チクセントミハイは，生活のためにする仕事が楽しいかどうかによって，生活全体の満足度が大きく異なることを強調しています。それでは，仕事の場面でのフロー体験はどのような条件下で生じやすくなるのでしょうか。モチベーション・マネジメントの視点から考えてみましょう。チクセントミハイは，2つの戦略を提示しています。第1に，仕事自体をフロー活動に似せるように設計すること。たとえば，前述したように，フロー状態は個人の能力と挑戦のレベルのバランスが高いレベルでつり合っていることによって生じやすくなるので，適度に困難な課題を設定し続けることや，明確な目標とフィードバックがあることが重要です。第2に，働く人々が自ら「仕事で挑戦の機会を認識し，能力を開発し，達成可能な目標を設定できるよう」訓練すること。働く人自身がフロー体験を生み出す能力を高められるように支援をすることが有効です。

● さらに学びたい人のための推薦図書

デシ, E. L.・フラスト, R. 桜井 茂男（監訳）（1999）. 人を伸ばす力――内発と
　　自律のすすめ――　新曜社

チクセントミハイ, M. 今村 浩明（訳）（1996）. フロー体験 喜びの現象学　世界
　　思想社

チクセントミハイ, M. 大森 弘（監訳）（2008）. フロー体験とグッドビジネス――
　　仕事と生きがい――　世界思想社

期待理論

■学びのテーマ

　この章では，期待という概念の重要性を知り，仕事におけるモチベーション研究のエポックとなった道具性期待理論について学びます。

7.1　期待とモチベーション

　1969 年，アメリカの宇宙船アポロ 11 号が月面に着陸し，ニール・アームストロング船長とバズ・オルドリン月着陸船操縦士が人類として初めて月面に降り立ちました。以来，日本人を含めて多くの宇宙飛行士が宇宙空間に滞在し，近い将来には月面探査や火星探査も夢ではなくなってきています。

　けれども，SF 映画のように誰でも宇宙船で手軽に宇宙空間に飛び出すのは，まだまだ夢のまた夢です。宇宙飛行士になるには，現実には厳しい選抜試験をくぐり抜けるだけでなく，過酷な訓練にも耐えなければなりません。そうした厳しい現実を知っても「よし，挑戦してみよう」と思う人もいれば，話を聞いただけであきらめる人もいます。自分にとっては努力しても合格の可能性は1％あるかないかというとき，人は宇宙飛行士を目指すでしょうか。その可能性が5％であればどうでしょう。あるいは，もしも 10％であればチャレンジしようとする意欲は高まるでしょうか。

　心理学では，こうした問題に「期待（expectancy）」という概念を用いてアプローチしています。期待は個人がもつ認知であり，ある行為が，目指す成果や目標に到達する見込みを意味します。上の例でいうなら，自分が努力したときに宇宙飛行士になれるかどうかの見込みということです。

　また，私たちは目標に向かって行動する中で，さまざまな選択をしています。ダメでもともとという一種のチャレンジ精神でぶつかっていくことも，もちろんあります。けれども，悪路のようだが右よりも左の道のほうが目的地に早く着きそうだ，3社の中ではX社なら自分の力を発揮できそうだから就活を頑張ってみようなど，合理的に考えて目標到達の可能性がより高そうな手段や方法を選ぶことも多いものです。別の言い方をすれば，左の道を行くことで目的地に早く到着できる期待がより高まる，X社を選ぶことで自分の実力を発揮できる期待がより強まるということです。

　このように，私たちのとる行動は，それが私たちをどの程度目標に近づけてくれるかという見込み，すなわち期待に大きく左右されます。目標に到達できるという期待が高まれば，その行動へのモチベーションが高まり，他の選択肢よりもその行動をとる傾向が強まります。私たちの内部に生まれる期待という認知的な概念を組み込んだ理論は，**期待理論**と総称されます。第4章で紹介したアトキンソンの達成動機理論にも期待の概念が組み込まれており，期待理論の流れをくんだ理論と位置づけることができます。

7.2 道具性期待理論

7.2.1 ヴルームの公式

　期待理論の系譜に位置する研究の中では，ヴルーム（Vroom, 1964）の**道具性期待理論**がよく知られています。道具性期待理論は，他の期待理論研究とはやや異なり，主に組織における従業員の仕事へのモチベーションを扱う理論として展開されてきました。

　ヴルームによれば，ある特定の行動を選択するまでには，その行動が金銭や地位など望ましい報酬につながるだろうという期待の強さと，行動の結果がもつ魅力の程度が関係します。これをヴルームは次のような公式で表しました。

$$F = E \times \sum (V \times I)$$

　F（Force）……行動をとろうとする力

E（Expectancy）……期待

V（Valence）……誘意性

I（Instrumentality）……道具性

　※（$V \times I$）は複数が考えられるので，総和（$\sum$（シグマ））で表します。

　仕事現場ではありませんが，先の宇宙飛行士の例で考えてみます。この公式で左辺の F は行動をとろうとする力であり，宇宙飛行士を目指すモチベーションの強さを表します。

　右辺の E（期待）は，努力すれば，頑張ればうまく成し遂げることができる，宇宙飛行士になれるという見込みです。見込みは主観的確率ですから 0〜1 の数値で表すことができます。

　V（**誘意性**）は，宇宙飛行士への憧れ，すなわち魅力を意味します。誘意性は，その結果を得たいという正の誘意性（感じる魅力）から，少しでも遠ざかりたいという負の誘意性（感じる嫌悪）まで，＋1〜−1の値で表されます。誘意性もモチベーションに影響する変数です。

　さらに，なぜ宇宙飛行士になりたいかということの背景には，有名になること，世界が賞賛するような活動ができること，宇宙開発の歴史に名が刻まれることなどへの魅力（プラスの誘意性）が存在しているかもしれません。一方で，危険なことに身を投じたくない，競争して負けるのは恥だといった気持ち（マイナスの誘意性）もあるかもしれません。ここで，宇宙飛行士になることを第1次結果といい，その誘意性を第1次結果の誘意性とよびます。そして，宇宙飛行士になることでもたらされるさまざまな結果を第2次結果といい，その誘意性は**第2次結果の誘意性**とよばれます。有名になること，競争に負けて恥をかくことといった結果は第2次結果ということになります。

　右辺の3つ目の変数 I（**道具性**）は，第1次結果を得ることが第2次結果の獲得につながる道具（手段）として役に立つかどうかの見込みです。見込みは主観的確率ですから，E と同様 0〜1 で表すことができます。宇宙飛行士になることが周囲から賞賛されるための道具（手段）として役立つ見込みが高ければ，すなわち，第1次結果が第2次結果をもたらす見込みが高ければ，I は高

表7.1　期待・誘意性・道具性

要因	意味	とり得る値の範囲
期待 (Expectancy)	努力すれば相応の結果が得られる だろうという，本人がもつ見込み。	0〜1 （見込み 0〜100%）
誘意性 (Valence)	得られる結果について本人が感じ る魅力の度合い。 ※結果それ自体（第1次結果（1st 　level outcome））のもつ誘意性 　と，その結果がもたらす2次 　的な結果（第2次結果（2nd 　level outcome））の誘意性とが 　ある。	−1〜+1 （少しでも避けたい〜ぜひ得たい）
道具性 (Instrumentality)	第1次結果を得ることが第2次 結果を得る上で役に立つかどうか という，本人がもつ見込み。	0〜1 （見込み 0〜100%）

い値となります（表7.1）。

7.2.2　公式の意味

　公式に含まれる要素の意味は理解できたことと思いますので，次に公式が意味するところを整理してみます。

　宇宙飛行士になることへの魅力（誘意性 V）が強くても，なれる見込み（期待 E）が低ければ，結果として宇宙飛行士に挑戦しようとするモチベーションは強まりません。また自分なら努力すれば選抜試験を突破できる自信（これも E）があると思えるときでも，宇宙飛行士になることへの魅力（V）が弱ければ，結果として挑戦へのモチベーションは強まりません。つまり，モチベーションの強さは E と V のかけ算（相乗作用）によって決まってくるものととらえることができます。E も V も大であればモチベーションは強まりますが，かけ算なのでたとえ一方が大きくてももう一方がゼロであればモチベーションは生まれません。

　ところで，この V はどのようにして決まるかというと，第1次結果を得ること（宇宙飛行士になること）が第2次結果（有名になる，歴史に名を刻む，危険なことはいやだ，など）につながる手段としてどのくらい役に立つか（道

表7.2　道具性期待理論の適用例

第2次結果	A さんによる評価 E=0.6			B さんによる評価 E=0.4		
	V	I	V×I	V	I	V×I
有名になる	0.7	0.7	0.49	0.9	0.9	0.81
歴史に名を刻む	0.8	0.9	0.72	0.9	0.9	0.81
苦しい思いをする	−0.6	0.9	−0.54	−0.2	0.6	−0.12
	Σ (V×I)		0.67	Σ (V×I)		1.5
	F=E×Σ (V×I)		0.402	F=E×Σ (V×I)		0.6

宇宙飛行士の選抜試験に合格するかもしれないという自信（期待 E）は A さんのほうが高い。しかし，宇宙飛行士になること（第1次結果）の先にあると考えられる第2次結果がもつ魅力（誘意性 V）と，第1次結果を達成することでこれら第2次結果が得られる見込み（道具性 I）について評価してもらうと，宇宙飛行士を目指すモチベーション（F）は，A さんが 0.402，B さんが 0.6 と，B さんのほうが強い。

具性 I) によって決まります。これは V（ここでは第2次結果の誘意性）と道具性の相乗作用 $V×I$ で表されます。したがって，公式では $F=E×(V×I)$ となります。ここで，第2次結果は複数あることが考えられるので，複数の（$V×I$）の総和 Σ を求めることになり，最終的な公式は $F=E×\Sigma^1(V×I)$ となります。

　実際には，E，V，I のそれぞれについて質問項目を用意し，たとえば5件法で評定を求めることで，左辺の F を数値で表すことができます。この値をもってモチベーションの強さとして用いることができます。これはヴルームのモデルの大きな特徴といえます。なお，この値にはセンチやグラムといった単位はありません。値の大小をもって比較することになります（**表7.2**）。

7.2.3　道具性期待理論の問題点

　ヴルームの理論は，モチベーションの強さを客観的な数値で表すことができるという大きな利点がありますが，反面でモデルに対する批判もあります。まず，第2次結果は複数存在しますが，何が第2次結果と考えられるかは人に

---

[1] 数学的には Σ には添え字がつきますが，ここでは省略しています。

よって違いがあり，考えられるすべてを式に組み入れることは困難です。

　さらに，それらの第 2 次結果がどのようにして誘意性を獲得するのかが明確ではありません。宇宙飛行士の例であげた第 2 次結果の中で，たとえば「有名になる」ことの誘意性はどのようにして決まるのでしょうか。実はこの第 2 次結果の誘意性は「有名になることで承認欲求が満たされる」という第 3 次結果につながっているかもしれません。では，この第 3 次結果の誘意性はどこからくるのでしょうか。実はこの第 3 次結果は「劣等感から解放される」という第 4 次結果につながっているのかもしれず，このようにどこまで遡れば誘意性の源にたどり着くのか不明なままです。

　また，ロウラー（Lawler, 1971 安藤訳 1972）は，「すべての期待理論が泥沼に落ち込んでいる領域」として，行為（behavior）と成果（outcome）が明確に区別されていないということを指摘しています。つまり，行為はその行為がもたらす特定の成果によって表されるということです。したがって，期待（E）は，宇宙飛行士になるために頑張ることができるだろうという行為への期待なのか，その結果として宇宙飛行士になることができるだろうという成果への期待なのか，どちらの期待を意味しているのかが判然としません。

7.2.4　ロウラーのモデル

　ロウラーは，ヴルームのモデルの問題点を解決すべく，新たな期待理論モデルを提唱しました。ロウラーのモデルでは，努力（Effort: E）が業績（Performance: P）に結びつく期待 $[E \rightarrow P]$ と，業績（P）が成果（Outcome: O）に結びつく期待 $[P \rightarrow O]$ に分かれます。前者の $E \rightarrow P$ 期待は，努力すれば業績をあげることができるだろうという確信の程度であり，能力の自己評価や過去の体験（実績）に影響されると考えられ，1〜0 の値をとります。後者の $P \rightarrow O$ 期待は，業績をあげることが成果に結びつくだろうという確信の程度であり，やはり 1〜0 の値をとります。誘意性（V）はヴルームの仮定と同じです。これらの変数をもとにして，対象に取り組もうとする努力（モチベーション）は，次の式で表されます。

$$\Sigma\,[(E \to P) \times \Sigma\,\langle(P \to O) \times V\rangle] \quad \to \quad 努力$$

まず，$(P \to O)$ は業績のアップが成果に結びつく期待ですが，成果には「周囲から認められる」「高い報酬が得られる」など複数が考えられます。それぞれに誘意性 (V) が考えられるので，$(P \to O) \times V$ はそれらの総和 (Σ) で表されます。

次に $(E \to P)$ は，努力すれば業績をあげることができるという期待ですが，努力しても業績をあげることはできないだろうという負の期待も考えられます。たとえば，成功期待が 8 割であれば，そこには失敗期待が 2 割存在します。この失敗期待をめぐっても種々の $(P \to O)$ が想定されるので，式全体にも総和記号 Σ がつきます。このようにヴルーム理論で問題となった行為（ロウラーでは業績）と成果の関係を明確に分けたところに，この式の特徴があります。

ただ，このように厳密性を求めた結果，それぞれの変数について考慮すべき影響要因も多くなってしまい，実際には複雑性が増して簡潔な説明モデルとしては扱いにくいものになってしまっていることも問題です（安藤，1975）。

7.3 合理的意思決定の限界

7.3.1 合理的意思決定の基盤

ヴルームのモデルにせよロウラーのモデルにせよ，期待理論の背景には，人は合理的に考えて意思決定するという仮定があります。つまり，人は常に成果を最大限に得られるような選択をするという仮定です。ヴルームのモデルにあてはめれば，左辺 F の値が大きい場合には行動をとるということになります。けれども，人には「ダメでもともと」や「当たって砕けろ」のように，成功の見込みは低くても失敗覚悟で取り組むという，非合理な側面もあります。こうした行動は，合理的な意思決定を前提とする期待理論のモデルでは説明することができません。

組織行動学者のロビンス（Robbins, S. P.）は，組織における個人の意思決定には，合理性を基盤とする以下のようなプロセスが存在することを指摘してい

ます。

①意思決定すべき問題を認識する

　前提：意思決定すべき問題は何かが明確であり，意思決定者は意思決定に関
　　　　する完全な情報をもっている。

②意思決定する判断基準を特定する

　前提：意思決定者は，選択肢をすべて挙げることができ，それぞれの選択肢
　　　　がもたらす結果についても理解しているので，判断基準を特定するこ
　　　　とができる。

③判断基準の重みづけを行う

　前提：意思決定者は，判断基準に重みづけや優先順位をつけることができる。

④可能性のある選択肢を考える

　前提：特定の意思決定については，その判断基準や重みづけに代替案はなく，
　　　　常に変わることはない。

⑤特定の判断基準をもとに選択肢を評価する

　前提：時間や費用の制約なしで，選択について長所や短所などすべての情報
　　　　を得ることができる。

⑥最適な案を選択する

　前提：合理的意思決定者は，常に最大の利益を生み出す案を選択する。

（Robbins, 2005 高木訳 2009）

7.3.2　限定された合理性

　けれども，意思決定がすべてこのように合理的な判断に基づいてなされてい
るかといえば，必ずしもそうではありません。一定の合理性はあるとしても，
現実を見据えてどこかで合理性に目をつむって折り合いをつけることもよくあ
ります。組織行動学者のサイモン（Simon, H.）は，これを「**限定された合理
性**」とよんでいます。すなわち，実際の意思決定プロセスでは「もうこのあた
りでいいだろう」という判断が働くということです。サイモンはこの傾向を
「**満足化（satisficing）**」と名づけました。この語は，満足させるという意味の
satisfy と，十分であるという意味の suffice を組み合わせた，サイモンによる

造語であり，最後まですべてを検討して判断するのではなく，「もういい」「このあたりでいい」という決定傾向を意味します[2]。

　さらに，こうした満足化を図ろうとする中では，さまざまな認知的バイアスが引き起こされます。

7.3.3　意思決定に及ぼすバイアスの例

　満足化を図ろうとする中では，さまざまな認知的なバイアスが生まれます。同じくロビンス（Robbins, 2005）は，さまざまな認知的バイアスを指摘していますが，ここではそのうちのいくつかを紹介します。

• **自信過剰バイアス**

　自分は実際よりも多くのことを知っているという思いこみ。

• **アンカリング・バイアス**

　最初に与えられた情報が手がかり（アンカー）になり，その情報に固執する。

• **確証バイアス**

　過去に行った選択と合致する情報を求め，過去の判断と矛盾する情報を軽視する。

• **入手容易性バイアス**

　身近にある情報（正しいとは限らない）に基づいて判断する。

• **コミットメント増幅化バイアス**

　不利な情報があるにもかかわらず，前に行った意思決定に引きずられる。

• **後知恵バイアス**

　事後に「この結果になることはわかっていた」と誤って思い込む。

　こうしたバイアスに影響されて，自分では合理的と思いながら実際には非合理的な判断をしたり，サイモンのいう満足化に引きずられてしまったりもします。近年の研究では，人は必ずしも期待の大きさに比例して物事を判断するのではなく，期待値を歪めて判断するという現象も明らかになっています。こうした研究で，カーネマン（Kahneman, D.）は心理学者でありながらノーベル

---

[2] あるところまでいけばそれ以上は時間や労力をかけることはしないという意味で，最近では「最小限化」と訳されることもあります。

コラム 7.1　行動経済学

　伝統的な経済学では，人は常に合理的な判断に基づいて利得を最大にするよう行動する存在と考えられてきました。たとえば購買行動では，得られた情報に基づいて合理的に計算し，得られる利益が最大になるような買い方を選択するということです。いわば計算高い人間をモデルとする考え方です。

　これに対して心理学者のカーネマン（Kahneman, D.）とトヴェルスキー（Tversky, A.）は，人の意思決定は必ずしも合理的計算に基づくとは限らず，非合理で直感的な意思決定がなされることが多々あることを理論的に示しました。たとえば，人は客観的な確率では損失が大きくなるような状況であっても，自分がもつ見込みによって利得の期待を大きく判断してしまい，合理的な判断ができなくなることがあります。また，利得よりも損失回避のほうを重視する傾向なども存在します。

　カーネマンらの理論は**プロスペクト理論**（prospect theory）とよばれ，経済学と心理学を融合させた**行動経済学**の主要な理論となっています。prospect は期待や見通し，予測といった意味をもつ語です。

経済学賞を受賞しました。カーネマンとトヴェルスキー（Tversky, A.）が開拓したプロスペクト理論は，**行動経済学**という新しい分野を生み，現在では人の経済行動を解明する重要な理論として研究が蓄積されています。余談ですが，トヴェルスキーは残念ながら 1996 年に 59 歳で亡くなりました。カーネマンがノーベル経済学賞を受賞したのは 2002 年でしたが，存命であれば共同受賞となったであろうといわれています。

7.3.4　モチベーションへの示唆

　このように，いくつかの問題が指摘されてはいますが，ヴルームの研究は仕事へのモチベーションの強さを数値で表し，その後の行動を具体的に予測するという，それまでになかった新しい視点を取り入れたことで，その後の仕事へのモチベーションについての研究の展開を促しました。わが国でも，松井と寺井（Matsui & Terai, 1975）は，ヴルームのモデルに基づいて生命保険営業員

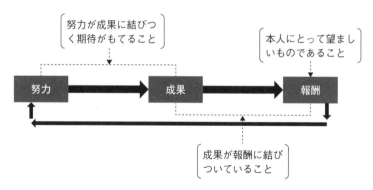

図 7.1　仕事へのモチベーションの仕組み（Heilman & Horstein, 1982 山本・梅津訳 1985）

の仕事へのモチベーションを測定し，モチベーション得点と顧客訪問回数，成約件数の間に正の相関関係を見出しています。さらに，式の E または $V \times I$ のどちらか一方がゼロか，それに近い場合には，他方がどんなに高くてもモチベーションは高まらないことを示し，期待理論の主張を支持しています。

　ハイルマンとホーンスタイン（Heilman & Horstein, 1982）は，組織行動における期待理論の主張に基づいて，仕事へのモチベーションを次のように整理しています（**図 7.1**）。

　第 1 に，成果をあげることに対する報酬が本人にとって望ましいものであると認知されれば，モチベーションは強まります。ただし，報酬の望ましさは相対的なものであって人によって異なり，絶対的な基準はありません。

　第 2 に，成果と報酬の間の明確な関係（「成果をあげることが報酬に結びつく」）を示すことが重要です。報酬には，周囲から認められる，工夫や裁量の余地が広がるといった，金銭以外のものも含まれます。

　第 3 に，努力すれば確かに成果につながる，努力すれば報われるという期待がもてることです。がんばっても成績に結びつかない，いくら努力しても成果があがらない，つまり努力と成果が結びつく確率が低い場合には，どんなに魅力的な報酬を用意しても仕事へのモチベーションは高まりません。

　第 4 に，何が求められ，成果をあげるためにはどうすればよいか，努力の対象となる行動を具体的に示すことが必要です。やみくもに行動しても望ましい

成果に到達することは困難であり，具体的で適切な目標をもつことが大切です。

　組織行動研究の中では，最近は期待理論に関する新しい研究の展開はみられていません。その理由として，ロックとレイサム（Locke & Latham, 1990）は，「実際，多くの期待の測度は自己効力の測度とほぼ等価であるか，あるいは少なくとも部分的には等価である」として，期待理論研究が目標設定理論や自己効力理論の研究の中に吸収されてきていることを指摘しています。ただ，見方を変えれば，期待という概念が人の行動を説明する重要な認知的変数であることに変わりはなく，新たな研究や理論の中に組み込まれて生きているといえるでしょう。

● さらに学びたい人のための推薦図書

角山 剛（2006）．モチベーションマネジメント　古川 久敬（編）産業・組織心理学（朝倉心理学講座 13）（pp.34-54）　朝倉書店

金井 壽宏（2006）．働くみんなのモティベーション論　NTT 出版

ヴルーム, V. H.　坂下 昭宣・榊原 清則・小松 陽一・城戸 康彰（訳）（1982）．仕事とモティベーション　千倉書房

公平・公正感とモチベーション

8.1　公平理論

　「えこひいき」は自分がされるのも，されている場面を目にするのも気持ちのよいものではありません。アルバイト先や勤務先で，自分と同じような成果や貢献度の同僚と給与額を比較して不公平を感じたり，自分は上司から公平な扱いをされていないと感じたりするとモチベーションが低下するのは自然なことです。アダムス（Adams, 1965）の公平理論は，「人は不公平を感じた際に，その不公平を解消しようという動機をもち，それが行動につながる」という考え方に基づいています。

　公平理論（equity theory）では，人は自分が仕事のために注いだと感じる「**努力**（input）[1]」（勤勉度，貢献度，個人的能率，時間，教育，経験など）と，仕事から得られたと感じる「**報酬**（outcome）[2]」（給料，昇給，昇進昇格，人事評価，表彰，賞賛など）の比率を，自分と似たような立場の他者と比較するものと考えます。自分と比較する相手との二者間の比率の関係は，**図 8.1** に示すように「努力」を分母に，「報酬」を分子におき，次の 3 つのパターンのいずれかで表されます。

---

[1]　「input」には「入力」という意味がありますが，ここでは「努力」と訳します。
[2]　「outcome」には「結果」という意味がありますが，ここでは「報酬」と訳します。

- パターンＡ：公平（つり合いがとれている）

$$\frac{自分の報酬}{自分の努力} = \frac{相手の報酬}{相手の努力}$$

　　　　　　　　　　　　　　　相手の報酬と努力は
　　　　　　　　　　　　　　　自分の主観的な判断

- パターンＢ：不公平（相手の報酬が自分より多く，つり合いがとれていない）

$$\frac{自分の報酬}{自分の努力} < \frac{相手の報酬}{相手の努力}$$

- パターンＣ：不公平（自分の報酬が相手より多く，つり合いがとれていない）

$$\frac{自分の報酬}{自分の努力} > \frac{相手の報酬}{相手の努力}$$

図8.1　公平理論における3つのパターン

　パターンＡの場合は自分と相手の比率が等しいので，自分のおかれた環境は公平だと感じます。この場合は，モチベーションは維持されます。パターンＢの場合は自分の努力に対する報酬が，相手の努力に対する報酬より少ないので不公平だと感じます。パターンＣは，自分の努力に対する報酬が，相手の努力に対する報酬より多いので，パターンＢと同様に不公平だと感じます。パターンＢ，Ｃのように，不公平感が生じている場合は，自分と相手の比率が（パターンＡのように）等しくなるように，つり合いをとるための調整行動をとろうとします。具体的には，5つの調整行動のうちいずれかを選択すると想定されます。

①自分あるいは相手の「努力」や「報酬」への考え方を歪める。

②自分の「努力」を変える。

③自分の「報酬」を変える。

④比較する相手を変える。

⑤状況から離れる，あきらめる。

　公平理論を用いて具体的なケースについて考えてみましょう。

【ケース1】

　職場の同僚Ｂさんと比較して「職場では自分の努力が報われていないな」

と感じる。

　⇒ケース1は，パターンB（自分の努力に対する報酬が，相手の努力に対する報酬より少ない）にあてはまります。この場合，次のような調整行動へ動機づけられると考えられます。

①自分あるいは相手の「努力」や「報酬」への考え方を歪める。

　例：「同僚のBさんはまだ成果が出ていないけれど，実は自分の知らないところで努力しているのだ」と思うようにする。

②自分の「努力」を変える。

　例：自分の仕事の時間を減らす，さぼる。

③自分の「報酬」を変える。

　例：今よりももっと自分の給料を上げてもらうように，上司や人事部と交渉する。

④比較する相手を変える。

　例：自分よりももっと働いて，会社に貢献している人と比較するようにする。

⑤状況から離れる，あきらめる。

　例：離職する，転職する。

【ケース2】

　アルバイト先の同期Cさんと比較して「自分は仕事量が少ない楽な時間帯，Cさんは忙しい時間帯にシフトが入っているのに，時給は同じ。ラッキーだけど何だか悪いな」と感じる。

①自分あるいは相手の「努力」や「報酬」への考え方を歪める。

　例：「自分の仕事量は少ないかもしれないけど，その分一つひとつ丁寧に失敗しないように集中して頑張っている」「Cさんは近いうちに昇給するに違いない」と思うようにする。

②自分の「努力」を変える。

　例：報酬に見合うだけの仕事をしようとがんばる，周りの人を手伝ったり，進んで難しい仕事に取り組んだりする。

　ケース2では「③自分の「報酬」を変える（例：減額を申し出る，自分は仕事量が少ないシフトであることを訴える），④比較する相手を変える（例：自

分よりもっと楽なアルバイトをしている人と比較する），⑤状況から離れる，あきらめる（例：アルバイトをやめる）」という予想は現実的ではないかもしれません。

　公平理論は個人の公平感に着目した理論です。「人は自分が得られる報酬の絶対額ではなく，他者と比較する中で，処遇の公平さを主観的に判断する」という現象を通じて「従業員が納得できる公平な評価を行う必要がある」ことを示し，現代にも通じる経営・雇用管理における公正待遇（男女間，雇用区分間等の待遇バランス）の実現の重要性を明示した研究として意義があると考えられます。しかし，次のような問題点も指摘されています。

- 自分との比較相手をどのように決めるのか不明確である。そもそも，比較の対象者は個人に限らず，集団や組織，世間一般といった比較もあり得る。
- 「努力」「報酬」をどのように定義するのか，総計をどう決めるのかがわからない。現実に公平を測定することは困難である。
- 時間的な変化については検討されていない。

8.2　認知的不協和理論

　公平理論は，フェスティンガー（Festinger, 1957）によって体系化された**認知的不協和理論**の考え方が組み込まれています。認知とは，人の認識，考えや感じ方のことです。「**認知的不協和**」とは人が自分自身の中で相容れない矛盾する2つの認知（認識，考えや感じ方）を同時にもつときに生じる緊張状態のことです。このような緊張状態は不快であるため，人は不協和を低減，解消しようと動機づけられます。認知的不協和理論では，不協和を解消する方法として，①関連する認知の要素の重要性を減少させる，②情報に新しい認知を加える，③不協和な要素の一方，または両方を変える，の3つを仮定します。認知した不協和が大きくなるほど緊張が高まり，解消へのモチベーションも強くなると仮定されます。

　認知（認識，考えや感じ方）の要素には3種類の関係性があります（図8.2）。

認知要素の例
a：私は職場では一生懸命働いている。
b：がんばって働いた後のビールはおいしい。
c：上司は私の努力を認めてくれない。
d：動物園のパンダはかわいらしかったな。

図 8.2　認知的不協和における認知要素の関係

　「a：私は職場では一生懸命働いている」と他の b，c，d の認知要素の関係をみると，a と「b：頑張って働いた後のビールはおいしい」は協和関係，a と「c：上司は私の努力を認めてくれない」は不協和関係，a と「d：動物園のパンダはかわいらしかったな」は無関係となります。「a—c」のように認知の要素間に不協和が生じているとき，人は不快な状態になり，その不協和を解消しようとします。つまり，一生懸命働いているにもかかわらず，上司が努力を認めてくれないということは，自分自身の中で矛盾や緊張を抱えることになるので，いずれかの方法でそれを解消しようとすると推測されます。

①関連する認知の要素の重要性を減少させる。

　　例：「上司に認めてもらえるかどうかは，自分にとって大した問題ではない」

　　　　「上司のことは考えないようにする」

②情報に新しい認知要素を加える。

　　例：「私の上司は他人にも自分にも厳しい人なのかもしれない」

③不協和な要素の一方または両方を変える。

　　例：「上司に自分の成果をアピールする」「職場では適当に手を抜いて働くようにする」

　このように，認知的不協和理論では，人は自分自身の中で矛盾する考えや思いを同時に抱えていることには耐えられず，その状態を低減，解消しようと動機づけられると考えます。公平理論は認知的不協和理論を援用し，不公平を感

じた人が，次にどのような行動をとるか予測することができるという考え方に
基づいています。

8.3 組織的公正

　働く人は，自分と他者の比較から公平（equity）かどうかを判断するだけで
なく，自分が所属する組織が「公正（justice）」なのかどうかを判断します。
日本語では「公平」と「公正」は明確に区別せずに用いられることが多いです
が，「公正」に対応する英語 justice は哲学では正義とも訳され，本来「人とし
て正しいこと，人間性や倫理性の尊重」という意味が含まれています。組織で
働く人は「自分は働きに応じた公正な処遇がなされている」と感じている場合，
組織への貢献意欲が高まります。一方，「処遇はフェアではない，不公正だ」
と感じる場合には不満が生じワーク・モチベーションが低下します。

　組織的公正とは，個人が組織に対してもつ公正さの主観的な判断です。組織
的公正は個人の判断基準によってさまざまですが，分配的公正と手続き的公正
の2つに分けてとらえられます。

8.3.1　分配的公正

　分配的公正（distributive justice）とは，「働いて得た利益の配分や，その利
益を得るための貢献についての公正さ」を指します。報酬がどのように分配さ
れれば「公平・公正」だと判断されるのか，組織で適用され得る公正な分配に
ついて，**表8.1**のような3つの代表的な原理があります（Deutsch, 1975）。

　金銭的な報酬分配の公正さは働く人のモチベーションに大きく影響すること
から，人的資源管理の現場においては，これらの原理を考慮して賃金体系を検
討すべきと考えられています。しかしながら，実際の仕事場面における報酬分
配を考えた場合，一人ひとりの職務や役割が違っており，貢献度を1つの基準
で評価し，それに応じて給料を公平に分配することは困難です。また公平感・
公正感の判断基準は人によってさまざまであるため，メンバー全員が納得する
ように報酬を分かち合うことは一筋縄ではいかない問題です。そのため，同じ

表 8.1 公正な分配原理

①衡平原理 (equity principle)
個人の貢献（成果）に応じた分配をする。貢献度が重視される場合に適用される。 　例：成果給。
②平等原理 (equality principle)
一律に均等な報酬を分配する。組織の一体感を重視する場合や，貢献度の評価が困難な場合に適用される。 　例：人件費総額を従業員数で割る均等割。
③必要性原理 (need principle)
個人の貢献の差は考慮せず，必要性に応じた分配をする。個人の成長や福祉を重視する場合に適用される。 　例：家族手当，通勤手当。

条件に達したら同じ報酬になることが約束されている，ということがポイントになります（解決策として，たとえば，職能別，役割別定義書の設定とこれに基づいた報酬額の決定などが行われています）。

8.3.2 手続き的公正

　手続き的公正（procedural justice）は，報酬を分配するプロセスに関する公正さであり，「報酬分配の決定が，公正な制度やルールに基づいて行われた」という公正さを指します。働いた利益を分配する手続きが，一部のメンバーにだけ有利な仕組みであったり，いいかげんなやり方で決められていたりしたら，モチベーションは低下します。組織においてメンバーが「分配は公正である」と感じられる手続きの条件は図 8.3 の 6 つです（Leventhal, 1980）。

　報酬の分配を決定する過程において，①～⑥の手続きを満たしていれば，報酬分配の結果（分配的公正）とは別に，ある程度個人の公平感・公正感は満たされると考えられています。

　また，職場でのマネジメントへの応用という実践的視点からの実証研究が蓄積されつつあり，手続き的公正施策を導入することが，従業員の公正感を高める結果をもたらすことが報告されています。たとえば，情報公開や苦情申立ての仕組みがあると，従業員は処遇を公正に感じる傾向があり，それが業績の向

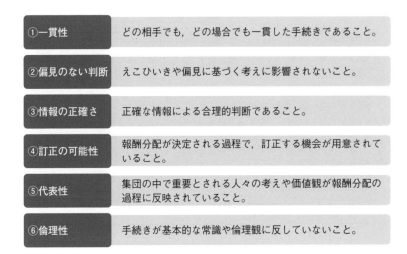

①一貫性	どの相手でも，どの場合でも一貫した手続きであること。
②偏見のない判断	えこひいきや偏見に基づく考えに影響されないこと。
③情報の正確さ	正確な情報による合理的判断であること。
④訂正の可能性	報酬分配が決定される過程で，訂正する機会が用意されていること。
⑤代表性	集団の中で重要とされる人々の考えや価値観が報酬分配の過程に反映されていること。
⑥倫理性	手続きが基本的な常識や倫理観に反していないこと。

図8.3　公正な手続きの条件

上につながる行動を促進すること（開本，2005），非正規社員と正社員間の均衡処遇問題において，正社員転換制度や均等な処遇という公正施策が，一定の条件下で賃金満足度を高めるということが明らかにされています（島貫，2007）。

コラム 8.1 「説明責任を果たすこと」と「丁寧な態度」が手続き的公正感を高める

　企業で働く人が感じる組織の公正が，組織への信頼感，法令順守や成果志向的行動を引き出し，組織の競争力に寄与することが指摘されており（関口・林，2009），公正な人材マネジメント（フェア・マネジメント）を行うことが重要課題となっています。職場のコミュニケーションの視点から，「同じ内容を伝えるのでも，伝え方によってそれを公正（決定はフェアになされた）だと感じられるかどうかが変わってくる」ということに着目した研究を紹介します。

　組織ではさまざまな意思決定が行われます。上司は部下に対して，時に部下が不満に思うような決定事項を伝えて納得させる必要があります。今在（2016）は，実験によって伝達者の「説明責任を果たしている程度」と「丁重さ」の2要因が，被伝達者の手続き的公正を感じる程度にどのような影響を及ぼすかを検討しました。被伝達者の状況を「A：伝達内容について真剣に考えなければならない」と「B：それほど真剣に考えなくてよい」に分けてそれぞれの影響を調べた結果，被伝達者が「A：伝達内容について真剣に考えなければならない」状況下では，手続き的公正を感じる程度に対して「説明責任を果たしている程度」の影響がみられ，「丁重さ」の影響はみられませんでした。一方，「B：それほど真剣に考えなくてよい」状況下では，手続き的公正を感じる程度に対して「丁重さ」の影響がみられ，「説明責任を果たしている程度」の影響はみられませんでした。この結果は，部下（被伝達者）が上司（伝達者）からの伝達内容について真剣に考えているときには，上司の表面的な丁重さよりも，上司が伝達内容に関する詳細な説明をきちんとしたかが部下の「公正さ」の判断に影響することを示唆します。また部下が伝達内容についてそれほど考えていないときには，伝達内容がきちんと説明されたかよりも，上司が礼儀正しく丁寧な態度であるかが部下の「公正さ」の判断に影響することを示唆しています。

　職場において，賃金などの処遇に関わる決定については，多くの人が公正であるかどうかに敏感になると思われます。人事評価面談等で伝達者である上司は被伝達者の部下に対して「決定に至る手続きの内容を誠実に伝え，説明責任を果たすこと」が組織への公正感を高め，貢献意欲やワーク・モチベーションを引き出すことにもつながり有益だといえます。

● さらに学びたい人のための推薦図書

田中 堅一郎（編著）（1998）．社会的公正の心理学——心理学の視点から見た「フェ
　　ア」と「アンフェア」——　ナカニシヤ出版

タイラー，T. R.・ボエックマン，R. J.・スミス，H. J.・ホー，Y. J.　大渕 憲
　　一・菅原 郁夫（監訳）（2000）．多元社会における正義と公正　ブレーン出版

目標とモチベーション 9

　この章では，目標設定理論と達成目標理論に基づいて，目標がモチベーションに及ぼす効果について学びます。

9.1　目標設定理論

　モチベーションの発動には目標の存在が欠かせません。目標のあるところにそれを達成しようとする意欲や努力，すなわちモチベーションが生まれます。目標は私たちの行動を方向づけ，活性化させ，さらには行動を持続させる大切な役割をもっています。

　ロック（Locke, E. A.）は共同研究者のレイサム（Latham, G. P.）と共に，目標がモチベーションにどのような効果をもつかについて，さまざまな研究を行い，目標とモチベーションの関係を実証的に解明しました。ロックの研究は1960年代に**目標設定理論**（goal-setting theory）としてまとめられ，共同研究者のレイサムと共にその後も理論の拡充や実証が進められました。目標設定理論は現在に至るまで4,000件に及ぶ研究が蓄積され，組織心理学領域におけるモチベーション研究の重要な柱となっています。得られた知見は実証性の高いものであり，多くの組織で取り入れられモチベーションの改善・促進に役立っています。

9.1.1　具体的な目標の効果

　たとえば，「この仕事の完成に向けてベストを尽くせ」というのも，一つの

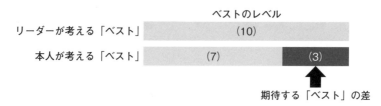

図9.1　期待のズレ

目標かもしれません。上司から，あるいはリーダーからそのように言われたあなたは，「期待されているんだ，よし，がんばるぞ！」と自らを鼓舞して仕事に向かうことでしょう。しかしよく考えると，上司やリーダーはあなたに具体的にどれくらいがんばってもらうことを期待しているのでしょうか。これでは期待されているベストのレベルが明確ではありません。

　「ここまで到達すれば自分としては合格ラインだ」と思っているラインは，実は上司やリーダーが期待しているラインには届いていないかもしれません。その場合，仕事や課題に取りかかる前から，すでにあなたと上司やリーダーとの間には期待についてのズレがあります（図9.1）。なので，あなたが意気揚々と結果を報告に行っても上司は褒めてはくれず，期待外れの渋い顔を見せられたあなたのモチベーションも低下してしまい，かくして両者の間には溝ができてしまいます。

　結局，ベストを尽くせ，最善を尽くせと言われただけでは，人はベストを尽くすことは難しいということです。期待されるレベル，すなわち具体的な目標あるいは目標の具体的なレベルが明確であるからこそ，人はその目標の到達に向かってモチベーションを高め，ベストを尽くすことができるのです。

9.1.2　やりがいのある目標
　一般に，低い目標，達成が容易な目標の場合には，努力や集中をしなくてもよいので，やりがいという点ではさほど強く感じることはありません。目標と

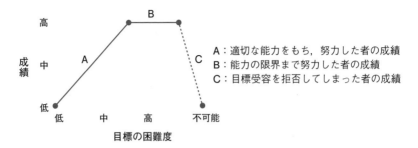

図9.2　**目標の困難度と成績との関係**（Locke & Latham, 1984 松井・角山訳 1984）

しての重要度もそれほど高くはなく，モチベーションも高まりません。一方，
達成が難しい高い目標の場合には，努力や集中力が求められます。目標を明確
に定め，達成に向かって具体的な計画や方略を立てることも必要です。失敗も
あるかもしれませんが困難を克服して少しずつ目標に近づいていく中で，やり
がいも生まれてきます。つまり，低い目標よりも高い目標を設定するほうが，
達成へのモチベーションも促進されるということです。

　では，目標は高ければ高いほどやりがいも強まるということでしょうか。目
標を高くしていけば，どこかで本人の能力を超えてしまう限界点にぶつかって
しまいます。それでも目標を高くしていくべきでしょうか。ロックとレイサム
は，これを**図9.2**のような関係で表しています。

　図中**A**は，目標を受け入れて努力した場合を表しています。目標が高くな
るに従って努力の量も増えるので，結果的に成績は伸びていきます。けれども
目標を難しくしていけば，どこかで能力を超えてしまう限界点に達してしまい
ます。図中**B**は，そうした限界点に達した場合でもまだ努力が続いているこ
とを示しています。何がこのような努力を生むのでしょうか。それは本人がそ
の目標を自分が達成すべき目標として納得し受け入れているからです。自分に
とってチャレンジングであり，難しいがやりがいのある目標として受け入れる
ことで，達成へのモチベーションは維持されます。能力的にはすでに限界点に
達しているので，成績はそれ以上伸びることはありませんが，下がることもな
く，努力が続きます。

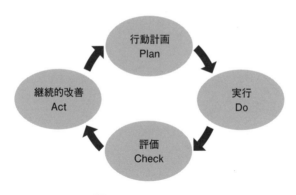

図9.3　**PDCA サイクル**

　しかし，いったん目標が受け入れられなくなると，図中 C のように成績は急降下します。自分が必死に努力しているのにさらに高い目標が与えられた，納得できない，もう無理だ，これ以上はやる気が出ない——。このように，目標の受け入れが拒否されてしまうと，目標が高くなればなるほどモチベーションは低下し成績も低下します。

　ここから，やりがいの重要なポイントがみえてきます。すなわち，目標を受け入れているかどうか（**目標受容（goal acceptance）**）ということです。一般に，目標設定への参加は目標の受容を促進します。企業組織では「**PDCA サイクル**」の下に仕事を遂行することが多いものですが，P（Plan（計画））の中で本人が目標設定に関わることで，その後のサイクルも回りやすくなります（図9.3）。

　ただ，本人が目標設定に関わることがなくても，その目標を自分が達成すべき目標として納得し受け入れるならば，上司から与えられた目標であってもモチベーション促進の効果は変わらないことが明らかにされています。

9.1.3　フィードバック

　自分が行ったことの結果を知ること，すなわち**フィードバック**を得ることは，その後の行動遂行に大きく影響します。フィードバックとは，行動を遂行する本人からみれば進み具合や結果についての情報を得ることであり，上司やリー

ダーからみればそうした情報を与えることを意味します。

遂行者本人にとっては，今の進み具合がどれくらいかフィードバックを得ることで，これからどこをどのように修正すれば目標に到達できるか，具体的な行動計画を立てることが可能になります。反対に，フィードバックがない状況では，目標達成までの手がかりが少ないままで進んでいかなくてはならないため，行動に無理や無駄が多くなってしまいます。定期的にフィードバックを受けることは，目標のもつモチベーション促進効果をさらに強める手がかりになります。

フィードバックには目標の存在が不可欠です。目標がなければフィードバックを与えたり得ることはできません。手がかりとなる具体的な目標があってこそ，フィードバックによって進捗の度合いも明確になり，必要に応じて行動計画を修正することで，目標はさらに身近なものになっていきます。つまり，目標とフィードバックの両者が相互に影響し合うことで，望ましい成果の達成が可能になります。ここでも第1章で示したものとよく似た関係性をみることができます（**図9.4**）。

難しい目標にチャレンジする場合には，フィードバックは特に重要です。フィードバックによって進捗状況を把握し，それまでの努力が成果につながる可能性が確認できれば，モチベーションは高まります。

フィードバックで注意すべき要因は，タイミングと頻度です。目標に向かっての進み具合が遅い場合には，フィードバックが少なかったりタイミングが遅れると計画を修正することができなくなり，達成をあきらめてしまうことにもなりかねません。また，あまりに頻繁なフィードバックでは，計画を修正してもその効果を確かめることができず，かえって混乱を招くことにもなります。取り組んでいる仕事や課題の内容，取り組む期間などに合わせて，適切なタイミングと頻度を考えることが大切です。

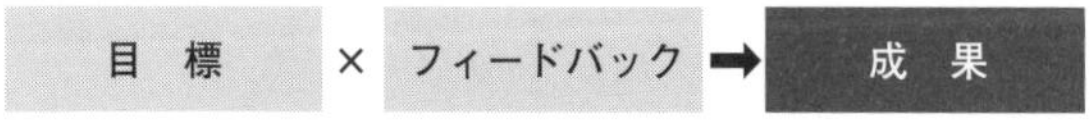

| 目　標 | × | フィードバック | ➡ | 成　果 |

図9.4　目標とフィードバックの関係

9.1.4　目標の分割

　長期にわたる目標を短期に区切って設定し直す，大きな目標を小さな目標に小分けにするといったことは，私たちが日常よく使うやり方です（図 9.5）。

　ダイエットに取り組んだ経験をもつ人も多いと思いますが，1 年で何 kg も痩せるというのは，なかなか困難です。これは目標が遠くにあることで，達成をイメージしにくいためです。このようなときには，1 年の目標値を 1 カ月に分割するというやり方を用います。たとえば，1 年で 12 kg の減量という目標であれば，1 カ月に分割すると 1 kg になります。こうすることで目標との距離が縮まってきます。さらに月に 1 kg の目標を週に分割すれば，毎週 250 g になり，これなら食事のカロリーを具体的に計算してコントロールすることができます。実際の研究でも，遠い目標を分割して近い目標に置き換えることで，ダイエットの効果が高まることが明らかにされています。

　また，組織ではメンバー全員が共有する大きな目標があります。会社の社是や社訓，また年間の総売上げ目標などはその例です。こうした大きな目標を実現するためには，それを部門目標，さらに課やプロジェクトグループの目標に落とし込むといったことがなされます。つまり，大きな目標を中目標，小目標

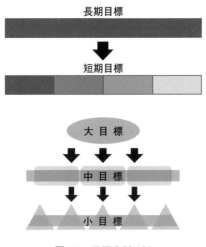

図 9.5　目標分割の例

というように小分けしていくやり方です。こうすることで，目標がより具体的
になり，達成への道筋がつけやすくなって行動計画も立てやすくなります。

　このように，遠くにある目標，大きな目標など，達成に努力を要する高い目
標の場合には，目標を分割することで，モチベーションの維持や促進に効果が
生まれます。気をつけなければいけないことは，目標を分割していくことで本
来の目標との関係性がみえにくくなってしまうことです。あるレベルの目標を
達成することが，それよりも上位にある目標の達成にどのようにつながってい
くのか，目標の関係性，最終目標達成までのルートが理解されていることが大
切です。

9.2 達成目標理論

　皆さんは，学業やスポーツ，仕事などの場面で何らかの課題に取り組むこと
になったとき，どのようなことを意識してその課題を達成しようとするでしょ
うか。たとえば「自分の能力を伸ばすこと」「成長の機会を少しでも逃さない
ようにすること」「人より良い成績をとること」「人より悪い成績をとらないこ
と」などを意識して課題を進めるでしょうか。同じ課題が与えられても，その
達成への目標の立て方はさまざまで，どのような意識で目標を設定するかに
よって，その後のモチベーションの維持やパフォーマンスに違いが生じると考
えられます。**達成目標理論**（achievement goal theory）は，人がある課題に取
り組む際に，どのようなことを意識して目標を立てるのか（目標志向性）を研
究の対象とします。前節の「ロックとレイサムの目標設定理論」では，「どの
ような目標（goal）が設定されるとモチベーションが維持・向上されるのか」
に着目しますが，達成目標理論は「人はどのような志向をもって目標（goal）
を立てるのか」に着目し，目標志向性とその後のモチベーションの維持・向上
の関係を検討します。また，達成目標理論の根底には「人は有能であることを
求める存在であり，有能感を得るために行動する」という考え方の特徴があり
ます。

9.2.1　マスタリー目標とパフォーマンス目標

　達成目標理論における達成目標は，新しいことを習得し能力を伸ばして有能感を得ようとする「**マスタリー目標（学習目標，熟達目標）**[1]」と，他者から自分の能力について肯定的評価を得る，もしくは否定的評価を避けることで有能感を得ようとする「**パフォーマンス目標**」の 2 つに大別されます。たとえば，ある課題に取り組む場合，「マスタリー目標」では，「自分の能力を伸ばすために取り組む」といったことがあげられます。「パフォーマンス目標」は，「人より高く評価されるために取り組む」あるいは「否定的な評価を避けるために取り組む」といったことがあげられます。「マスタリー目標」は自己の能力そのものを伸ばすことを重視し，「パフォーマンス目標」は他者との比較により自己の能力を示すことを重視するという点で大きく異なります。

9.2.2　暗黙の知能観

　皆さんは，仕事や学習などの課題達成が求められる場面で，マスタリー目標とパフォーマンス目標のどちらの目標をもつことが多いでしょうか。ドゥエック（Dweck, 1986）は，人がマスタリー目標（学習目標[2]）とパフォーマンス目標のどちらをもつかは，本人が意識せずに暗黙のうちに抱いている「**知能観（theory of intelligence）**」によって決まると説明しています。この知能観には，「知能というものは固定的で変化しにくい安定的な 1 つの実体」ととらえる「**実体（固定）理論**」と，「知能というものは学習や努力をして鍛えれば変化する多数のスキルの集合」ととらえる「**漸進（増大）理論**」の 2 つがあります。知能の「実体（固定）理論」をもつ人（能力は変えられないと信じている人）は，努力をして能力を向上させることよりも能力を高く評価されること，あるいは低く評価されないことを求め，達成場面ではパフォーマンス目標をもちやすくなるとされます。他方「漸進（増大）理論」をもつ人（努力すれば能力は

---

[1] マスタリー目標は研究者によって呼び方が異なります。たとえば学習目標，熟達目標，習得目標，課題関与，習熟目標などがあります。
[2] ドゥエック（Dweck, 1986）の研究では「学習目標（learning goal）」という表現が用いられています。

知能観	目標志向性	現在の自分の能力についての自信	行動パターン
実体（固定）理論 （知能は固定的） ➡	パフォーマンス目標 （目標は，肯定的な判断を得ること／能力の否定的な判断を回避すること）	高い場合 ➡	熟達志向 挑戦を求める 高い持続性
		低い場合 ➡	無力感 挑戦を避ける 持続性が低い
漸進（増大）理論 ➡ （知能は可変的，鍛えられる）	学習目標 （目標は能力を高めること）	高い場合でも ➡ 低い場合でも	熟達志向 挑戦を求める （学習を促進） 高い持続性

図 9.6　達成目標と達成行動（Dweck, 1986 をもとに作成）
「目標志向性」はどのような志向をもって目標を立てるかということを示しています。

向上すると信じている人）は，能力を評価されることよりも，より能力を向上させることを求め，達成場面ではマスタリー目標をもちやすくなるとされます。

　ドゥエックが提唱した達成目標と達成行動のモデルによると（**図 9.6**），パフォーマンス目標をもつ人の行動パターンは，その人が現在の能力について自信をもっているか否かによって異なります。パフォーマンス目標をもつ人で能力に自信がある場合は，より高い評価を得るための挑戦を求め，持続性が高く，粘り強く取り組むとされます（熟達志向）。しかしパフォーマンス目標をもつ人で能力に自信がない場合には，困難な状況下で無気力になりやすく，挑戦して失敗することを避け，持続性が低くすぐにあきらめる傾向にあります。一方，学習目標をもつ人の行動パターンは，自信の有無に関わらず，困難な状況でも積極的に課題に挑戦し，継続性も高く粘り強く取り組むとされます（熟達志向）。つまり，学習目標をもつ人は課題に対して自信があるかないかに関係なく，困難な状況下でも課題に挑戦して粘り強く取り組む傾向にあるといえます。

　これまでの研究によって，実体理論よりも漸進理論をもつ人のほうが適応的な行動をとることが報告されています。たとえば漸進理論をもつ子どもは失敗の原因を努力不足のためだとし，悪い成績をとったときに補習を受けたがること（Hong et al., 1999）や，学習が難しくなる中学生の時期に成績が上がるこ

と（Blackwell et al., 2007）等が報告されています。

9.2.3　2×2の達成目標の枠組み

前述したように達成目標は「マスタリー目標（学習目標）／パフォーマンス目標」の軸に分類されますが、さらに課題に対する「成功接近／失敗回避」の軸を加えた2×2の達成目標の枠組み（2×2 achievement goal framework）が提唱されています（Elliot & McGregor, 2001）。「成功接近」とは、課題に対してその成功を目指すことや、望ましい評価の獲得を志向すること、「失敗回避」は、課題に対してその失敗を避けることや、低い評価を回避する志向を意味します。このモデルでは、表9.1に示されるように目標は4つに分類されます。

「マスタリー接近目標」は、自分の能力に対する自信の有無に関わらず「習得することを目指す」もので、従来のマスタリー目標の概念に相当します。課題達成に向けて努力し、持続性も高く、学業に対してもっともポジティブな影響を与える目標です。「マスタリー回避目標」は、「習得できないことを避ける」というように失敗をしないことに焦点をあてた目標です。完全主義者、アスリートなどの、パフォーマンスの低下を回避しようとする人物を想定しています。「パフォーマンス接近目標」は「他者よりも良い成績を目指す」目標です。「パフォーマンス回避目標」は、「他者と比べてできないことを避ける」という目標です。「パフォーマンス接近目標」については、能力への自信がある場合には学習へのポジティブな影響があることが示唆されていますが、一貫した結果は得られていません。「パフォーマンス回避目標」については、自分が

表9.1　**2×2の達成目標の枠組み**（Elliot & McGregor, 2001をもとに作成）

	有能さの評価基準[※1]	
	絶対的／個人内基準[※2]	相対的基準[※3]
成功接近	マスタリー接近目標	パフォーマンス接近目標
失敗回避	マスタリー回避目標	パフォーマンス回避目標

※1　自己の能力を評価する際の基準のこと。
※2　これまでの自己と比較してパフォーマンスを向上させるという基準。
※3　周囲の他者よりも良いパフォーマンスをするという基準。

コラム 9.1　「しなやかマインドセット」と「硬直マインドセット」

　近年ドゥエック（Dweck, 2006 今西訳 2016）は，漸進理論に対応した「しなやかマインドセット（growth mindset）（能力は努力次第で伸ばせると信じている人）」と実体理論に対応した「**硬直マインドセット（fixed mindset）（能力は固定的で変わらないと信じている人）**」という概念を提唱し，「しなやかマインドセット」をもつことが望ましい生き方や意義のある仕事を成し遂げるのに有効だと論じています。ドゥエックは，「硬直マインドセット」の人は，自分が他人からどう評価されるかを気にし，結果がすべてなので，失敗したり 1 位になれなかったりするとそれまでの努力が無駄になると考えるのに対し，「しなやかマインドセット」の人は，自分を向上させることに関心を向け，結果がどうなろうとも，今力を注いでいることそれ自体に意義を見出すことができると説明します。ドゥエックは，この 2 通りのマインドセットの違いを理解していればマインドセットは自分の意志で変えられることを強調し，「硬直マインドセット」を「しなやかマインドセット」に切り替えるための方法を示しています。たとえば，次のような場面をイメージすることが，「しなやかマインドセット」を促す一助になります。

> **「硬直マインドセット」と「しなやかマインドセット」の違いをイメージする**
>
> 　「外国語を習うために講座を受講し始めたとき，受講生全員の前で講師から次々に質問を投げかけられた場合をイメージしてみましょう。「硬直マインドセット」の場合，自分が先生から"値踏み"されていることを意識し，みんなの視線が自分に集まっているように感じ，緊張が高まり，失敗を恐れて動揺することが予想されます。「しなやかマインドセット」の場合，初心者だから学びに来ている，学ぼうとする自分に力を貸してくれるのが先生だと考えるので，緊張から解放され目の前の課題，学習へと意識を向けることができます。」
>
> 　　　　　　　　　　　　　　　（Dweck, 2006 今西訳 2016 を改変）

　他にも「しなやかマインドセット」を促す方法として，「結果を気にするのではなく，学んで向上していくことに関心を向けること」「気分が落ちこんだときは，失敗から学び，試練を受け止め，それに立ち向かうこと。努力を重荷と考えずに，何かを生み出す前向きの力だと考え行動に移すこと」「いつもやりたいと思っていながら，うまくできる自信がなくて，やらずにいたことがないかを考え，それを実行に移すこと」などが列挙されています。

無能だと評価されることを回避しようとするため，課題に対する持続性が低く，課題への挑戦を避ける傾向にあるため，学習に対してネガティブな影響があることが指摘されています。

コラム 9.2　達成困難な目標にどう対処すべきか
──目標を柔軟に調整しよう！

　モチベーション研究では，個人や組織目標の達成に向けてモチベーションを向上・維持させるために大切な要因は何かを解明することが，目的の一つとなっています。掲げた目標に向かってがんばることは，個人にとっても組織にとっても望ましいことですが，どんなに努力しても外的要因などによって目標を達成できそうにない場合があります。このようなとき，皆さんはどうしますか。それでも限界まで粘るでしょうか，それともあきらめたり，目標のレベルを下げるでしょうか。外山・長峰（2022）は，目標達成が難しくなったとき，どのように対処すれば個人のウェル・ビーイング（抑うつ，不安，人生に対する満足，人格的成長，人生の目的，自己受容，環境制御力）につながるかを検討しています。この研究では「困難な目標への対処方略」を次の5つに分類しています。

①目標達成方略の調整
　その目標を達成するために他に良い方法はないか考えるなど，目標達成の方略を変えること。

②目標の内容の調整
　新しい他の目標にやりがいを見出すなど，新たな目標を設定すること。

③目標の水準の調整
　目標のレベルを現在よりも簡単なものにするなど，目標の水準を下げること。

④目標断念
　その目標に関わることをやめるなど，新しい目標を選択せずに目標を放棄すること。

⑤目標継続
　達成することができないとしても，その目標を追求し続けるなど，粘り強く目標を追求すること。

　これら5つの方略がウェル・ビーイングに及ぼす影響を検討した結果，④「目標断念」はウェル・ビーイングを阻害し，②「目標内容の調整」はウェル・ビーイングを促進することが示されました。つまり，目標を単にあきらめた状態は幸福感を低下させることになりますが，目標を断念した後に，その目標とは異なる新たな目標を設定するこが幸せな状態をもたらすことが示唆されました。また，⑤「目標継続」はウェル・ビーイングにポジティブにもネガティブにも影響することが示されました。具体的には，ウェル・ビーイングの下位尺度「人格的成長（自分が成長しつつあるという感覚）」と「環境制御力（複雑な周囲の環境を統制できる感覚）」に正の関連が示され，達成することができなくても粘り強く目標を追求することによって，自己の成長や環境をコントロールできるという感覚を得られるということが示唆されました。一方で，⑤「目標継続」は「抑うつ」とも正の関連が示され，目標達成が困難になったときに，目標の内容や水準，方略を調整せずに必死に目標を追求することは抑うつ状態をもたらす可能性があることが示唆されました。加えて③「目標の水準の調整」は「自己受容」に正の影響を及ぼし，①「目標達成方略の調整」は「人格的成長」と「人生の目的」に正の影響を及ぼすことが示されました。

　これらの研究結果は，達成することが困難な目標に対しては，「あきらめる―あきらめない」の選択ではなく，目標を調整しようとすることが，幸せで意味のある人生を歩むためには有益であることを示しています。

● さらに学びたい人のための推薦図書

ロック，E. A. ・ラザム，G. P. 松井 賚夫・角山 剛（訳）（1984）．目標が人を動かす――効果的な意欲づけの技法―― ダイヤモンド社

ドゥエック，C. S. 今西 康子（訳）（2016）．マインドセット――「やればできる！」の研究―― 草思社

レイサム，G. 金井 壽宏（監訳）依田 卓巳（訳）（2009）．ワーク・モティベーション NTT出版

自己効力感とモチベーション

■学びのテーマ

　この章では,「やればできる」という自信をもつことが, なぜモチベーションを高める上で重要となるのかを理解します。

10.1　結果期待と効力期待

　やらなければいけないことはわかっていても, 取りかかれない, やる気が起きないという経験はありませんか。一生懸命に勉強すれば成績が良くなるとわかっていても, 勉強へのモチベーションが上がらないことがあったりするのはなぜでしょうか。その解決の鍵は**自己効力感**（self-efficacy）にあります。自己効力感とは, ある行動を「うまく成し遂げられるだろう」という自信のようなものです。

　自己効力感の概念を提唱したバンデューラ（Bandura, 1977）は, 人が行動を起こして何らかの成果を得るプロセスには2つの期待があると考えました。1つは「このような行動をとれば, このような結果が得られるだろう」という「**結果期待**」です。たとえば,「毎朝2時間早起きして勉強すれば成績が良くなる」「走り込みの練習をすればマラソンを完走できる」というような期待です。2つ目は「自分はその行動をうまくやり遂げられるだろう」という「**効力期待**」です。たとえば,「良い成績をとるために毎朝2時間早起きしてがんばれそうだ」「マラソンを完走するために走り込みの練習に取り組めそうだ」という期待です（図10.1）。

　バンデューラによると, 結果期待と効力期待はそれらの高・低の組合せに

図 10.1　結果期待と効力期待の関係（Bandura, 1977 をもとに作成）

よって個人の感情や行動に異なる影響をもたらすとされます。結果期待と効力期待が共に高い（どのようにすれば望み通りの結果が得られるか確信しているし，自分はそれをやり遂げる自信がある）場合，自信に満ちた積極的な行動が促進されますが，結果期待が高いにもかかわらず効力期待が低い（こうすればうまくいくとわかっていても，自分には無理かもしれないと思っている）場合には，個人に失望や自己卑下，劣等感をもたらします。反対に効力期待が高いにもかかわらず結果期待が低い（自分はうまくできると思っていても，その行動が望み通りの結果につながるか確信がもてない）場合には，不平や不満の感情を生じさせ，生活環境を変える行動を促進します。さらに結果期待と効力期待が共に低い（どのようにすればうまくいくかわからないし，自分には無理だと思っている）場合，個人は成果の獲得をあきらめ，無気力，無感動，無関心，抑うつ状態に陥るとされます。

10.2　自己効力感とは

　バンデューラは，結果期待だけでは大きな努力を引き出すための動機づけとしては不十分であり，効力期待が強いと人は行動を起こすと考えました。人はある行動が成果をもたらすことがわかっていたとしても，そのために自分がうまく行動することができるという自信がもてなければ，実際の行動を起こす可能性が低くなります。つまり，「毎朝2時間早起きして勉強すれば成績が良くなる（＝結果期待）」ということだけでなく，「良い成績をとるために毎朝2時間早起きしてがんばれそうだ（＝効力期待）」という確信が強いと勉強へのやる気が起きると予測されます。バンデューラ（Bandura, 1977）は「効力期待」

のことを「自己効力感」とよび，**自己効力感**を「予測される状況に必要とされる一連の行動を，いかにうまくなし得るかについての本人の判断である」と定義しています。

　自己効力感が強い人は「積極的に課題に取り組み努力する，最終的な成功を期待する，葛藤状況で長期的に耐えることができる，自己防衛的な行動が減少する」という特徴があるとされます。自己効力感を高めることができれば，やるべきことに取り組み，粘り強く努力するモチベーションが生じ，成果をあげる可能性が高くなるのです。それでは，自己効力感を高めるにはどのようなことが有効なのでしょうか。

10.3 自己効力感を高めるもの

　バンデューラによれば，自己効力感は自然に生じるのではなく，4つの情報源（体験），すなわち①遂行行動の達成，②代理的経験，③言語的説得，④情緒的覚醒，によって形成されます（図10.2）。自己効力感に対して影響力が強いのは，①遂行行動の達成，②代理的経験，③言語的説得，④情緒的覚醒，の順とされます。

　①遂行行動の達成は，自分の力でやり遂げたという直接の成功体験や達成感をもつことです。成功感や達成感を得た後には「自分はまたきっとできるは

①遂行行動の達成	自分の力でやり遂げたという直接の成功体験や達成感をもつこと。
②代理的経験	自分が行おうとしている行動について，うまく行っている他者の行動を観察し，成功をイメージすること（モデリング）。
③言語的説得	他者からの励ましや説得的な言葉による暗示，自己暗示などのこと。
④情緒的覚醒	リラクゼーションなど，生理的な反応の変化を体験すること。

図10.2　自己効力感を高める4つの情報源

ず」という見通しをもつことができます。自分で行動して，必要な行動を達成できたという成功体験による自己効力感は，もっとも強く安定したものになるとされます。

　②代理的経験は，自分が実際に行動するのではなく，自分が行おうとしている行動について，うまく行っている他者の行動を観察すること（モデリング）です。他者がうまく行っている様子を観察することで，「これなら自分にもできそうだ」と成功をイメージし，それが自己効力感を高めるとされます。

　③言語的説得は，他者からの励ましや説得的な言葉による暗示，自己暗示などのことです。上記の①遂行行動の達成や，②代理的経験に補助的に付け加えることによって，自己効力感をコントロールすることができるとされます。

　④情緒的覚醒は，生理的な反応の変化を体験することです。たとえば，緊張して「自分にはできないのではないか」と不安を感じたときにリラックスするようにして，落ち着いていることを感じることができると「これならできる」という気持ちになります。ストレス反応や緊張を感じると自己効力感は低下し，肯定的な気分によって高まるとされます。

　これらの情報源を得るための体験を自ら作り出していくことが，自己効力感を高めると考えられます。

10.4　自己効力感によってもたらされるもの

　自己効力感によって行動への努力や粘り強さが決まってくるため，その行動が予測されると考えられています。バンデューラ（Bandura, 1997）は，自己効力感が高い人は，自己効力感が低い人よりも健康的で，一般的に成功していると説明しています。これまでの研究では，与えられた課題に対する自己効力感が高いほど実際にその課題を達成する可能性が高くなること（Bandura & Schunk, 1981），自己効力感が高いほど目標達成のために努力し，自己効力感が低いほどあまり努力しなくなること（Bandura & Cervone, 1983），成功体験を繰り返すことによって，状況が変化しても同じ行動が行えるようになること（Bandura, 1997），自己効力感が高い場合には不安や恐怖は弱く，自己効力感

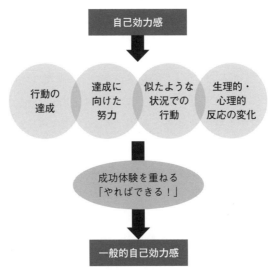

図 10.3　**自己効力感によってもたらされるもの**

が低い場合には不安や恐怖が強くなること（Bandura et al., 1982），自己効力感が高いほど，心理状態に伴う心拍数や血圧が安定すること（Perkins & Jenkins, 1998），などが報告されています。自己効力感を得た結果もたらされるものを整理すると，「行動の達成」「達成に向けた努力」「似たような状況での行動」「生理的・心理的反応の変化」にまとめられます（江本，2000）。

　また，多くの種類の課題や行動への自己効力感が得られるようになると，さまざまな種類の課業を遂行することができるという，自分自身の能力についての自信も高くなってくると考えられます（自己効力感の一般化）。このような，特定の課題に対する自己効力感を超えて，個人特性としての素質的なものまで拡張された効力感は，「**一般的自己効力感**」とよばれます（図 10.3）。

10.5　自己効力感の3つの次元と測定

　バンデューラによると，自己効力感には3つの次元（構成要素），すなわち①水準（レベル），②強度，③一般性，があります。3つの次元と測定法は次

のようになります。

　①自己効力感の水準（レベル）は，その人が「どのくらい困難なレベルの課題までできると考えているのか」を示すものです。測定の対象となる特定の課題や行動を難易度の順に並べ，「どのレベルまでその課題（行動）ができるか」を評定することによって求められます。たとえば，100点満点の試験で高い得点をとることに対する自己効力感の場合，難易度の低い順に10点台から始まり，20点台，30点台……そしてもっとも難易度の高い100点まで階層的に並べます。それぞれの難易度の点数をとることについて，「できそう／できそうもない」の判断で評価（チェック）します。

　②自己効力感の強度は，その人が「それぞれの難易度の課題（行動）をどの程度確実にできると考えているか」という，確信の強さを示すものです。たとえば前述の100点満点の試験の例では，「10点台」では90％の確率で点数をとることができると評価し，「20点台」では80％，「30点台」では70％……100点台では5％と答えたとします。これらの難易度の異なる課題に対して判断したパーセントの値が，自己効力感の強度を示します。通常，自己効力感の強度は，0〜100の値（百件法）や0〜10の値（十件法）で測定されます。

　③自己効力感の一般性は，ある状況の特定の課題（行動）に対して形成された自己効力感が，「特定の状況や課題（行動）を超えて，どの程度，他の課題（行動）の自己効力感に影響するのか」を示すものです。バンデューラは，ある課題に対する自己効力感が変化すると，他の課題の自己効力感，さらにまた違う他の課題の自己効力感も同様に変化すると想定しました。たとえば，マラソンで完走することへの自己効力感が，論文を最後まで書き上げることに対する自己効力感を変化させるといったように，自己効力感が異なる課題（行動）で共変動することが想定されます。一般性の次元の自己効力感はある特定の課題に偏らない質問項目を設定し，それをもとに水準もしくは強度の次元の自己効力感を測定することによって示されます。

　自己効力感は，状況や課題（行動）に特定される概念です。たとえば学業では，数学や理科で良い成績をとることの自己効力感が高くても，国語の成績に関しての自己効力感が高いとは限りません。仕事の場面では，顧客への提案書

を作成することへの自己効力感が高い人でも，新規顧客開拓や交渉することへの自己効力感が低い人もいます。したがって，状況や課題に合わせて測定尺度を用意する必要があります（たとえば，サッカーなら，キックに対する自己効力感，ヘディングに対する自己効力感，ドリブルに対する自己効力感，トラップに対する自己効力感など，数多くの尺度が必要です）。では，このような尺度で測定することに問題はないのでしょうか。実際には回答者に何度も同じような評価を求めることになるので，時間や負担がかかることになります。

　そこで，具体的な課題や状況を測定するのではなく，類似の共通する行動を集めて項目化して，より広く適用できるような測定尺度が作られています。このような一般的な尺度は実用的なこともあり，さまざまな種類のものがあります。しかしながら，回答者が質問に対してどのような状況を想定しているのか曖昧な点が多いことや，行動の予測性が低いことなどが指摘されています。尺度の使用に際しては，測定する課題（行動）と測定する目的を考えることが大切です。

10.6 自己効力感に関わる概念

　自己効力感と混同されることが多い類似概念に「**自尊心（self-esteem）**」があります。自尊心は，どのくらい自分自身に価値を感じるかという，自分に対する評価・判断（自分のことを好きか，嫌いか）です。これに対して自己効力感は，ある特定の課題（行動）をうまくやり遂げる能力が自分にあるかどうかについての判断です。自尊心は自分自身への肯定的評価，自己効力感は特定の課題（行動）を達成することへの自信という意味で，違うものを指します。

　自己効力感を集団にまで拡張した概念に「**集合効力感**」があります。集合効力感は，ある特定の状況において「私たちは集団として課題に取り組むことができる」といった集団やチームのメンバー間で共有される集合的な有能感，自信のことです。チームスポーツ場面を中心とした研究がなされており，集合効力感はチームの成果にプラスの影響を及ぼすことが報告されています（内田ら，2011）。また，集合効力感を，地域住民のまとまりの良さや信頼関係としてと

らえる研究も行われています。たとえば，地域住民の集合的効力感（近所で問題が起きても，住民や自治会で解決できる）が住宅侵入盗などの犯罪を抑制することなどが報告されています（島田ら，2009）。

　自己効力感を進路関連の領域に応用した「**キャリア自己効力感**」があります。これは，ハケットとベッツ（Hackett & Betz, 1981）によって「職業に就くための教育訓練やその職務を遂行するために必要な個人の自信」と定義されています。進路選択に対する自己効力感（自分の進路選択についてどのような分野に対してどの程度自信をもつか），進路選択過程に対する自己効力感（進路を選択していく過程そのものについての自信），進路適応に対する自己効力（選択した職業に適応し満足や成功を得ることについての自信）などの分野で研究が行われています。たとえば，進路選択に対する高い自己効力感が積極的な就職活動を導くことや（浦上，1996），進路選択過程に対する自己効力感が高まるほど，友人や目上の人からの情報（企業から内定を得るためのノウハウなど）を積極的に収集する傾向にあることが報告されています（児玉ら，2002）。

10.7 学習性無力感

　自己効力感が失われた状態が，**学習性無力感**（learned helplessness）とよばれる状態です。「いくらがんばったところで，自分にはできるはずがない」と思っていると，モチベーションが高まることはなく，行動を実行に移すことはできないでしょう。このような「やる気のなさ」「無力感」はなぜ生じるのでしょうか。ここでは，やる気がなくなるメカニズムについて理解し，どうすれば克服できるのかを考えてみましょう。

　セリグマン（Seligman, 1975）によると，自分ではどうすることもできない不快な状況を繰返し体験すると，「自分ではコントロールできない，どうすることもできない」ということを学習してモチベーションを失ってしまい**無気力**になるとされます。学習とは「経験によって生じる比較的永続的な変化」のことです。無気力になる現象は，最初動物実験で観察されました。セリグマンとメイヤー（Seligman & Maire, 1967）は，電気ショックを受ける箱にイヌを入

れて実験を行いました。イヌは，パネルを押せば電気ショックを止めることが
できる経験をさせたグループ（統制可能群）と，自分では電気ショックを止め
ることができない経験をさせたグループ（統制不能群）に分けられました。次
に電気ショックを受けなかったイヌ（電気ショックなし群）を加えました。そ
して，障壁を飛び越えれば逃げられる箱の中に入れて，電気ショックから逃げ
る訓練をしました。その結果，統制可能群と電気ショックなし群のイヌは，予
告音が鳴ると電気ショックを避けるために障壁を飛び越えるようになりました。
一方，統制不能群のイヌは予告音が鳴ってもうずくまって逃げようとしません
でした。セリグマンらはこの統制不能群に生じた現象を「**学習性無力感**」とよ
びました。

　統制不能群のイヌはパネルを押しても電気ショックをコントロールできない
ことを何度も経験することによって，自分ではコントロールできない（自分の
行動が結果を伴わない＝随伴性がない）ことを学習し，自分でコントロールで
きる状況になっても自分からは何もしない無気力な状態に陥ったと考えられま
す。学習性無力感は，人にも生じることが報告されました。失敗ばかりが続く
場合，不快な，コントロール不能な現象が続くことで「自分ではどうすること
もできない」ことを学習し，モチベーションが低下してそのような環境から抜
け出す努力さえしなくなってしまうのです。

　また，学習性無力感に陥りやすい人とそうでない人のいることが明らかにさ
れています。エイブラムソンら（Abramson et al., 1978）によると，人はネガ
ティブな経験をすると，その原因を求めるとされます。原因を考えることを
「**原因帰属**」とよびます。原因帰属には３つの次元，①「その原因は自分の内
部にあるのか，外部にあるのか（内在的―外在的）」，②「その原因は安定的な
のか，不安定なのか（安定―不安定）」，③「その原因は全般的なものなのか，
特定的なものなのか（全般的―特定的）」があります。そして，ネガティブな
経験をしたときにその原因を①自分にある（内在的），②安定的である（安定），
③全般的である（全般的），と考える場合，ネガティブな出来事の原因をコン
トロールできないものとしてとらえることになるので，無力感が生じるとされ
ます。この原因帰属には個人差があります。たとえば仕事で失敗したときに，

「自分には能力がないからいつも失敗するのだ」と考える人は，仕事の失敗の原因を「能力」という内在的で安定的なものに帰属させています（能力は変化しにくいので安定的，これに対して気分は変化しやすいので不安定だとされます）。このような人は日頃からネガティブな出来事の原因を内在的・安定的なもの（コントロールできない原因）に求める傾向が強く，次の仕事でも失敗すると予期しがちで，あきらめや無力感に陥りやすくなると予想されます。「失敗したのは，今回はこの仕事がたまたま難しかったからだ（外在的・不安定・特定的）」と考える人は無力感に陥りにくい傾向にあるでしょう。

コラム 10.1　職場メンバーの自己効力感を育む

　自己効力感を向上させることが働く人のモチベーションを向上させ，業績改善に有効であることが多くの研究によって示されてきました（角山，1995; Cherian & Jacob, 2013）。たとえば，自己効力感が高い人は，目標が設定されると，自らさらに高い目標を設定して，新たに生じた目標とのギャップを克服しようとすることや（Bandura & Locke, 2003），自己効力感が従業員の離職願望の低減や職場への満足度の向上にプラスに影響すること（中島，2015; 竹内，2016）が報告されています。また，若年者の自己効力感が職場のネットワークの構築と活用（組織内の他者との広い関係性を構築し，そのネットワークから得られた情報を仕事に生かす行動）を促し，「プロアクティブ行動（自分自身や職場環境によい影響をおよぼす先見的で未来志向，変革志向の行動）」につながることなどが報告されています（尾形，2016）。

　職場のモチベーション・マネジメントにおいては，自己効力感を高めるために管理方法を工夫し，組織的なサポートの仕組を作ることが有益です。10.3 節で紹介した「自己効力感を高める4つの情報源」をもとに，メンバーの自己効力感を育むためにはどのような働きかけが効果的なのか，具体例を考えてみましょう。

①遂行行動の達成

　メンバー（部下）に自分の力でやり遂げたという直接の成功体験や達成感をもたせる。

【例】上司が部下の実力を踏まえた上で少しハードルの高い目標を設定し，部下が最

後まで仕事をやり遂げられるように支援し，成功体験や達成感を得る機会を提供する（スモールステップの原理[1]として知られています）。「会社や職場の役に立てた！」という経験をさせる。

　→部下は成功体験によって自己効力感を高め，さらに高い目標への挑戦意欲をもつことが期待できます。

②**代理的経験**

　メンバー（部下）が，仕事のモデルとなる他者の行動を観察して，成功をイメージできるようにする。

【例】組織メンバーが個々に仕事のモデルとなる人物を見つけられるように，職場のさまざまな成功体験や価値観をもつ人について情報交換できる場をつくる。上司が部下に対して実際に仕事をやってみせる。

　→部下はモデルの行動を観察することで具体的な仕事のやり方や努力の方向がわかり，自信をもって仕事に取り組めるようになります。

③**言語的説得**

　メンバー（部下）に，励ましや説得的な言葉を与える。

【例】日頃から部下の行動をよく見て，適切なタイミングで励ましの言葉をかける。困ったことがあったらいつでもサポートすることを伝えておく。

　→部下は，上司への信頼感をもつようになるとともに，仕事に対する不安な気持ちが和らいだり，失敗などによって失いかけた自信の回復につながったりします。

④**情緒的覚醒**

　メンバー（部下）に，適度なリラックスや気分転換をさせる。

【例】快適な職場環境を作る。組織メンバー全員が身体の状態を健康に保てるように配慮する。

---

[1] 初めから難しい目標を設定するのではなく，目標を細分化して段階的に小さな目標の達成を積み重ねながら最終的な目標に近づけるようにする教育手法。目標が高すぎると自己効力感をもつことができないためモチベーションが低下します。スモールステップを取り入れれば，小さな成功体験を重ねていくことができるので，モチベーションを促進・維持する上で有効です。

→これは安全配慮義務（従業員が安心して働くために企業側が負う義務）でもあ
　ります。ストレスやネガティブな気分を減らす職場環境づくりは，部下の自己
　効力感が低下することを防ぐことにもつながります。

　メンバーがモチベーションを低下させ，無力感に陥らないようにマネジメントす
ることも忘れてはなりません。たとえば，毎回本人の能力を超えた課題や高すぎる
目標を与えられて，いつも失敗したり，いつまでも達成できなかったりすると，そ
の人はどうなるでしょうか。学習性無力感の考え方によれば，「どうせ何をしても無
駄だ」というあきらめモードに入ってしまいます。仕事の失敗や目標を達成できな
い原因を本人だけのせいにされて，責められたり脅されたりすると（パワーハラス
メント），「どうせ自分にはどうすることもできない」と無力感に陥る可能性が高く
なります。実際には労力のいることですが，モチベーション・マネジメントにおい
ては，個々のメンバーの進捗状況をよく見て，適切なアドバイス（褒める/叱る）を
しながら「やればできる」という成功体験の機会を与えることが求められます。

● さらに学びたい人のための推薦図書

バンデューラ，A.（編）本明 寛・野口 京子（監訳）（1997）．激動社会の中の自己
　効力　金子書房
祐宗 省三・原野 広太郎・柏木 惠子・春木 豊（編）（2019）．新装版　社会的学習理
　論の新展開　金子書房

リーダーシップ

■**学びのテーマ**

　この章では，リーダーとして，組織の目標達成に向けてメンバーのモチベーションを引き出すには，どのようなことが重要なるのかを考えます。

11.1　リーダーシップ

　「リーダーシップ」と聞くと，どのようなことを連想しますか？　また，「リーダー」と聞くと誰の顔が浮かんできますか？　第1章でもふれましたが，モチベーションはリーダーシップと深い関わりがあります。リーダーシップは，組織の目標達成に向けてメンバーの活動を方向づけ，やる気を引き出し，メンバー同士の協力を促す影響力としてとらえることができます。ストッディル（Stogdill, 1974）は，「リーダーシップとは，集団目標の達成に向けてなされる，集団の諸活動に影響を与える過程である」と定義しています。集団を構成するメンバーの中で他者に何らかの影響を与えようとする人をリーダーとよび，影響を受ける側をリーダーに対しての**フォロワー**とよびます。

　今までの研究から，リーダーシップはリーダーの"生まれつき"の資質やパーソナリティによるものではなく，訓練によって"スキル（技術）"としてある程度誰にでも身につけられるものであることが明らかにされてきました。

　リーダーのタイプは，選ばれ方や発生の仕方で「自然発生的なリーダー」「選挙で選ばれたリーダー」「任命されたリーダー」の3つに分類されます（金井，2005）。自然発生的なリーダーの例としては，災害などの緊急時に偶然そこに居合わせた人たちの中で，率先して避難や救助をリードする人があげられ

ます。選挙で選ばれたリーダーの例としては，国会議員や学校の生徒会長など，メンバーの投票で選ばれたリーダーがあげられます。任命されたリーダーの例としては，企業の部長や課長などの管理職，新規事業を始める場合に組織されたプロジェクトチームの責任者など，組織[1]から任命されて誕生するリーダーがあげられます。

11.2　リーダーの影響力

　リーダーがメンバーに与える影響はさまざまです。重要なことは，リーダーの**影響力**を決定するのはフォロワーだということです。リーダーが影響を与えたつもりでいてもフォロワーがそれを認めていなければ，リーダーシップを発揮することはできません。それでは，リーダーに影響力をもたらすものとはどのようなものなのでしょうか。

　ここでは仮に人物 A と人物 B を設定し，人物 A が相手に影響を与えようとする側，人物 B が影響を受ける側とします。「A が B に対して影響力（パワー）をもつ」という状態とは，「A は B の行動を変えることができる」ということを意味すると同時に，「A と B はそのような関係（A が影響を与える側で B が影響を受ける側）にある」ということも意味しています。重要なことは，A の影響力は B が A をどのようにとらえているかによって変わるということです。「A が B に対して影響力をもつ」ということは，B が「A は何らかの資源（この資源を影響力の源泉といいます）を A が保有している」と認識していることになります。フレンチとレイヴン（French & Raven, 1959; Raven,

---

[1] 企業組織では共通目的を効率よく達成するために「分業」が取り入れられています。分業とは，1 つの仕事を細分化することで，水平的分業（目標達成に必要な仕事の分類による分担）と垂直的分業（組織全体の階層による分担）の 2 つの基本パターンで行われます。この分業の結果，企業組織にはいくつもの部署が形成されることになります。組織全体がバラバラになると目標達成ができなくなるので，まとまりのある活動へと導く「統合」が必要になります。統合を担うのは「管理職」です。管理職は「統合」の機能を果たす立場であるため，リーダーシップを発揮することが求められます。

1974）によると，影響力の源泉は大きく6つに分類されます。

①**報酬影響力**とは，「AはBに対して，Bが望んでいる報酬を与えることができる」というBの考えに基づく影響力です。たとえば，「上司の意向に従っておけば人事評価，査定が良くなる」と部下が思っている場合の上司の影響力がこれに該当します。報酬とは，給与やボーナスなどの金銭による物理的報酬もあれば，昇進・昇格などによって地位・権限が与えられ，承認や賞賛をされるなどの心理的報酬も含まれます。職場集団のリーダーは人事評価や査定を行う権限をもち，報酬影響力を行使できる，といえます。

②**強制影響力**とは，「AはBに対して，従わなければ罰を与えることができる」というBの認識に基づく影響力です。たとえば，「上司の命令に従わないと人事評価を下げられボーナスが下がる，職位を降格される」と部下が思っている場合の上司の影響力がこれに該当します。

③**正当影響力**とは，「AはBの行動に影響を及ぼすべき正当な権利をもっている」というBの認識に基づく影響力です。たとえば，「上司は当然，命令する権限がある」と部下が思っている場合の上司の影響力がこれに該当します。公に任命されたリーダーに与えられる基本的な影響力です。職場集団のリーダーは，組織から任命を受け管理者の地位につくので誰もが正当影響力を保持しています。

④**準拠性影響力**とは，「BがAに対して魅力を感じ，Aと一体でありたいと願う」ようなBの認識に基づく影響力です。「自分も上司のような人になりたい」「上司は私の理想とする人だ」と部下が思っている場合の上司の影響力がこれに該当します。メンバーがリーダーを理想的な存在だと認識していれば，メンバーはリーダーを満足させるような行動をとるようになると考えられます。メンバーからリーダーが理想的な存在として認識されることが影響力の基盤となります。

⑤**専門影響力**とは，「Aは特定の知識や技術に関して，自分よりも優れている」というBの認識に基づく影響力です。たとえば，「上司は経験豊富で専門知識もある」と部下が思っている場合の上司の影響力がこれに該当します。専門影響力を行使するためには，専門的な知識や技能，受け手が認める卓越した

専門性[2]が必要です。

　⑥**情報影響力**とは、「Aは信頼できる情報をもっている」というBの認識に基づく影響力です。「上司は会社の重要な動きを正確に把握している」と部下が思っている場合の上司の影響力がこれに該当します。各影響場面において、価値ある情報を提供し続けなければ情報影響力を発揮できません。一般的に職場集団のリーダーがもっている情報は、メンバーのもっているそれと比べて量が多く質も高いとされるので、情報影響力は「地位や権限」と「個人的特性」の両方をよりどころにすると考えられます。

　以上6つの影響力の源泉のよりどころ（根拠）は、「地位や権限」に基づくものと、「個人的特性」に基づくものの2つに分けてとらえることができます。「報酬影響力」「強制影響力」「正当影響力」は「地位・権限」に基づく影響力であり、ポジションが変わると失われてしまいますし、組織を離れたところでは他者に影響を与えることは難しくなります。他方、「準拠性影響力」「専門影響力」「情報影響力」は個人的特性による影響力であり、自分の努力や経験、人間関係の中で培っていく影響力であるため、組織上の地位に関わらず個人的な魅力として他者に影響を与えることができるものと考えられます。

11.3　リーダーシップ研究の歴史的変遷 ——リーダー行動の普遍的2次元の発見

　リーダーシップ研究は、「特性アプローチ」（1900～1940年代）、「行動アプローチ」（1940年代～）、「状況適合アプローチ」（1970年代～）の順番で進展してきました。リーダーシップに関する科学的な研究が始まった初期は「特性アプローチ」とよばれる研究が中心でした。特性とは、人格や知的能力、資質のような個人特性のことです。これは、「優れたリーダーといわれる人はどのような特性をもっているだろうか」といったような、優れたリーダーに共通する特性を発見することを目指した研究群です。これらの研究の根底には、リーダーシップを発揮できる人には、特別な才能や資質が生まれつき備わっている

---

[2]　環境変化や技術革新にリーダーの専門性がついていけなくなると、専門影響力は消失します。

コラム 11.1　メンバー全員がリーダーシップを発揮する
──シェアド・リーダーシップ

　リーダーシップ研究ではリーダーの影響力の重要性が示されてきましたが，近年，チームメンバーの影響力を考慮するというシェアド・リーダーシップに関する研究が注目されています[3]。シェアド・リーダーシップの考え方は，「リーダーシップは，リーダーの役割を担う単独の個人に集中するのではなく，組織に属する一人ひとりのメンバーが影響力をもちリーダーとしての役割をチーム全体で共有する」というものです[4]。堀尾・中原（2022）によると，シェアド・リーダーシップは「リーダーシップの影響力が複数のチームメンバーに散在している創発的なチームの状態」と定義されます。図 11.1 に示すように，組織集団から任命された公式リーダーによる垂直型リーダーシップでは影響力がリーダーからメンバーへの一方向であるのに対して，シェアド・リーダーシップでは影響力がチーム内でメンバーに分散されています。公式リーダーによる垂直型リーダーシップとシェアド・リーダーシップを比較した場合，どちらのほうが集団の成果を高めるのに有効でしょうか。たとえば一宮・原口（2022）は，次のような実験によって，シェアド・リーダーシップは「創

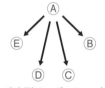
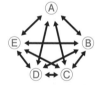

垂直型リーダーシップ　　　　　シェアド・リーダーシップ

A：リーダー，B-E：メンバー
矢印は影響力を示す

図 11.1　**垂直型リーダーシップとシェアド・リーダーシップの違い**（一宮・原口，2022）

---

[3]　経営環境に目を向けると，グローバル競争の激化や製品サイクルの短期化等により，企業間競争が激しくなっており，企業が持続的に成長していくための革新的な取組みが不可欠になっていることが指摘されています（堀尾・中原，2022）。このような複雑な経営環境下では公式の 1 人のリーダーのみによるリーダーシップでは対応が難しくなりつつあり，チームの複数メンバーによりリーダーシップが発揮される必要があると考えられています。
[4]　シェアド・リーダーシップでは，リーダーの分類の「任命されたリーダー」のみならず「自然発生的なリーダー」をも想定しています。

造的な課題」においては垂直型リーダーシップよりも有効であることを示しています。

　実験参加者は 4 人 1 グループとなり，実験協力者が公式リーダー，その他の実験参加者がメンバーとなって進められます。メンバーは 2 つのグループ「シェアド・リーダーシップ条件：公式リーダーがシェアド・リーダーシップをとるグループ」と「垂直型リーダーシップ条件：公式リーダーが垂直型リーダーシップをとるグループ」に分けられ，グループごとに公式リーダーによって与えられた 2 つの課題（単純・創造）を遂行します[5]。単純課題は新聞紙面から特定の漢字の「偏」をできるだけ多く探す課題でした。創造課題は「経営状況が厳しいレストランの運営」を題材とし，制限時間 20 分の中で，具体的な提案をできるだけ多く箇条書きで記述する内容でした。単純課題正解数と創造課題提案数で，それぞれ平均の比較を行った結果，単純課題正解数についてはリーダーシップ条件による有意な差はみられなかった一方で，創造課題提案数についてはシェアド・リーダーシップ条件のほうが垂直型リーダーシップ条件よりも有意に高いことが明らかにされました（**図 11.2**）。

　この実験の結果は，組織や職場において価値創造的な仕事の成果を生み出していくためには，リーダー 1 人の能力に頼るのではなく，メンバー全員が主体性をもち，状況に応じて臨機応変に最適と思われるメンバーがリーダーシップを発揮するという発想が有効であることを示唆しているといえます。

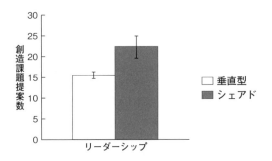

図 11.2　リーダーシップ条件と創造課題提案数（一宮・原口，2022）

---

[5] リーダーシップ条件（垂直型・シェアド）は参加者間計画，課題条件（単純・課題）は参加者内計画の 2 要因混合計画。

という考えがありました。リーダーを選ぶときに，優れた特性の人を選ぶことができれば選出に失敗することはないので，優れたリーダーに共通する特性を明らかにして，リーダーを選考するプロセスを容易にしようという試みが行われました。しかし，これらは一貫した研究結果が得られず，すべての場面に共通する優れたリーダーの個人特性を発見するには至っていません。

　「**行動アプローチ**」は，「優れたリーダーは，どのような行動をしているのか」といったような，優れたリーダーに共通する行動を発見することを目指した研究群です。これは，リーダーシップは生まれつきのものではなく，訓練や学習によって身につけることができる行動（リーダーとしての振る舞い）だとする考え方に基づくものです。訓練をすることによって有効な行動スタイルを身につければ，リーダーシップを発揮できるようになるという行動アプローチの考え方は，現在の社員教育で行われているリーダーシップ研修や訓練プログラムの開発につながっています。リーダーの実際の行動を明らかにする研究が数多く行われ，その成果として，多様なリーダーの行動は，目標設定や計画立案，メンバーへの指示などの「課題志向的行動」と，メンバーへの配慮や集団のまとまりを良くするための働きかけをするなどの「人間関係志向的行動」の2次元でとらえられることが明らかになりました。

　たとえば，オハイオ州立大学の研究では，職場のリーダー（管理職）の行動を分析し，部下の職務活動の明確化や役割定義に関わる「構造づくり」と，信頼関係をつくることなどに関わる「配慮」の2次元でとらえられることを見出しています。**マネジリアル・グリッド理論**（Blake & Mouton, 1964）では，リーダーの行動を「業績に対する関心」と「人間に対する関心」の2次元，**PM理論**（三隅，1984）では，リーダーの行動をP機能（Performance；課題達成機能）とM機能（Maintenance；集団維持機能）の2次元でとらえます。これらは**リーダー行動の2次元説**とよばれます（「普遍の2次元」「不動の2軸」といわれることもあります）。

　ここではリーダー行動の2次元説の一例として**PM理論**に着目します。PM理論では，リーダーはP機能（課題達成機能）とM機能（集団維持機能）の両方の機能を果たすことが重要であると考えます。P機能とは，組織の課題解

決を促進し，目標達成に向けた仕事の効率や生産性の向上を遂行する機能です。M 機能とは，組織それ自体を維持し強化する機能です。それぞれの機能についての高低を想定し，2 つのリーダー行動 P と M の高・低の組合せによってリーダーシップのタイプを 4 つ（PM 型・Pm 型・pM 型・pm 型）に類型化します（図 11.3，図 11.4）。

　PM 理論を適用して企業組織の管理職者がこれら 4 つの類型のどれにあてはまるのかを測定するための尺度が開発されました。そして 4 つのリーダーシップの類型が，職場の生産性やメンバーの貢献意欲にどのように影響するのかが検討されてきました。その結果，生産性の高さ，事故の少なさ，メンバーの仕事に対する意欲や満足度，いずれにおいても PM 型がもっとも優れたリーダーシップを発揮することが示されました。

　しかしながら，リーダーの行動を明らかにするだけではリーダーシップという現象をとらえるのに限界があります。たとえば「フォロワーの行動がリーダーにどのような影響を及ぼすのか，フォロワーとの関係性や相互作用の視点が欠けている」「リーダーのおかれた状況によってリーダー行動の有効性は違ってくると考えられるが，リーダーがおかれている環境についての分析がなされていない」という指摘が行動アプローチに対してなされるようになりました。このような点から，次に集団やメンバーの状況を同時に考慮し，より効果的なリーダーシップのあり方を明らかにしようという状況適合アプローチによ

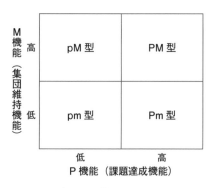

図 11.3　**PM 型リーダーシップ類型**（三隅，1984 をもとに作成）

PM 型：P 機能も M 機能も共に強く果たすタイプ

仕事を急がせたり，正確に仕事をするように圧力をかけるばかりでなく，励ましたり，同情を示したりして人間関係の調整も同時に行うタイプ。

Pm 型（P 型）：P 機能を強く果たすが，M 機能はあまり強くないタイプ

もっぱら仕事の実行，課題の完成を強く求めるタイプ。

pM 型（M 型）：M 機能は強く果たすが，P 機能はあまり強くないタイプ

もっぱら組織のメンバーに同情を示し，彼らの悩みの相談に応じ，また冗談や笑い，その他の言動によって組織内の緊張を解きほぐすタイプ。

pm 型：P 機能も M 機能も共に弱いタイプ

極めて消極的なリーダーシップタイプ。

図 11.4　**4 種のリーダーシップタイプ**（三隅ら，1974 をもとに作成）

る研究が出現することになります。

　状況適合アプローチは，リーダーがおかれている状況や集団の特性に応じた効果的なリーダーシップのあり方を追求する研究群です。行動アプローチによる研究ではリーダーの最善の行動が成果に結びつくと考えるのに対して，状況適合アプローチでは，「集団状況や環境」に適したリーダーの行動が成果に結びつくと仮定します。研究の成果としてリーダーシップを発揮できるかどうかは，メンバーの意欲や能力，集団の人間関係，仕事の構造化の程度，リーダーに権限委譲がなされているか等の状況によって違ってくることが明らかにされてきました。これらの研究結果は，リーダーが状況に応じて行動スタイルを臨機応変に変えていく必要があることを示しています。たとえば，ハーシーとブランチャード（Hersey & Blanchard, 1977）による**ライフサイクル理論**では，メンバーの仕事に対する「成熟度（発達レベル）」によって，効果的なリーダー行動が異なると仮定します。この理論では，集団の状況を「メンバーの成熟度」によって 4 段階でとらえます。成熟度はフォロワーの課題に対する能力

表 11.1　フォロワーの成熟度と効果的なリーダー行動 (石橋, 2016 をもとに作成)

成熟度	効果的なリーダー行動	
成熟度 1 熱心な初級者	指示型	指示的行動が多く, 支援的行動は少ない。フォロワーの役割遂行の手順・意思決定はリーダーが行う。
成熟度 2 迷える中級者	コーチ型	指示的行動, 支援的行動共に多い。リーダーは指示と同時にフォロワーの意見や精神状態を尋ねる。
成熟度 3 波のある上級者	支援型	指示的行動は少なく, 支援的行動が多い。リーダーはフォロワーを認めて, 意見を積極的に聴き, フォロワーが適切な問題解決や意見決定ができるようとりはからう。
成熟度 4 安定したベテラン	委任型	指示的行動, 支援的行動共に少ない。リーダーはフォロワーと話し合い, 合意の上で目標や課題を決め, 後はフォロワーに任せて成果の報告を求める。

と意欲によって下記のように分類され, メンバーが経験を積むに従って成熟度 1 から 4 に成長していくと仮定されます。

①成熟度 1……熱心な初級者 (低い能力・高い意欲)。

②成熟度 2……迷える中級者 (ある程度の能力・低い意欲)。

③成熟度 3……波のある上級者 (高い能力・不安定な意欲と自信)。

④成熟度 4……安定したベテラン (高い能力・高い意欲)。

　表 11.1 に示すように, リーダー行動は指示的行動と支援的行動の組合せから, 「指示型」「コーチ型」「支援型」「委任型」の 4 つの行動スタイルで構成されます。リーダーは「メンバーの成熟度」に応じて, 異なる行動スタイルを柔軟に使い分けることが有効だと考えられます。

11.4　新たなリーダー行動の次元
——リーダー自身の価値観への着目

　ここまでみてきた行動アプローチや状況適合アプローチは, リーダーのどのような「行動」が集団の成果にとって重要となるのかを検討するものでした。しかし, これらのアプローチは, リーダーが「何を大切に行動しているのか」というリーダーの価値観についてはふれられていません。実際に組織目標の達成に向けてリーダーシップを発揮していく際には, リーダー自身がどのような

価値観をもっているのか，そしてどのようにフォロワーの価値観に影響を与え
ていくのかという観点も重要となります。このようなリーダーの価値観にも目
を向けたリーダーシップ概念には，「変革型リーダーシップ」「サーバント・
リーダーシップ」等[6]があります。

　変革型リーダーシップの研究では，組織変革を進めるために有効となるリー
ダーシップを追求します。**変革型リーダーシップ**は「メンバーに外部環境への
注意を促し，思考の新しい視点を与え，変化の必要性を実感させ，明確な将来
の目標とビジョンを提示し，みずから進んでリスク・テイクし，変革行動を実
践するリーダーシップである」（山口，1994）と定義されます。組織変革を進
めるための実際のリーダーの行動や役割に焦点をあてた研究によって，リー
ダーのビジョン[7]提示行動が重要だということが明らかにされてきました。変
革型リーダーシップの構成要素（条件）は次のようにまとめられます（Bass，
1998）。

・理想的影響（カリスマ性）

　変革型リーダーは能力の高さや組織への貢献などの面でメンバーから信頼さ
れることが必要です。「リーダーを見習おう」という気にさせることによって，
リーダーはメンバーに影響を与えることが求められます。

・モチベーションの鼓舞

　変革型リーダーはメンバーに仕事の意味を理解させ，変革へのビジョンを共
有して，その実現に向けたモチベーションを喚起させる必要があります。メン
バーに将来的展望を与え，変革への強い意志をもたせることが求められます。

・知 的 刺 激

　メンバーの視野を広げたり考えを転換させたりするなどの刺激を与える働き
かけが求められます。

・個別的配慮

　メンバー一人ひとりの達成や成長に注意を払い，親身になって適切なサポー

---

[6] モラルに関わるリーダーシップには，他に「オーセンティック・リーダーシップ」
「スピリチュアル・リーダーシップ」「破壊的リーダーシップ」等があります。
[7] 目的・目標・未来の理想的な姿のことを意味します。

トをするなどの，個々に配慮した行動が求められます。

　変革型リーダーとしてこれらの働きかけを実践し組織変革を成し遂げるための鍵は，リーダー自身の価値観にあるといえます。つまり，リーダー自身がどのような価値観で組織変革のビジョンを形成していくのか，どのようにメンバーの価値観に影響を与えて変化させていくのかということが重要な問題となります。

　「サーバント・リーダーシップ」は，「サーバント（servant）」が「奉仕者」を意味する言葉であるように，メンバーに尽くしたり奉仕したりすることによってメンバーを目指すべき方向に導いていくリーダーシップのことです。この概念は「リーダーは，まず相手に奉仕し，その後，相手を導くものである」というグリーンリーフ（Greenleaf, 1977 金井訳 2008）が示した思想によって世に広まりました。従来のリーダーシップ研究では，共通してリーダーがフォロワーに対して影響力を発揮し，フォロワーが従うことで組織や集団は効果的に組織目標達成に向けて牽引されるという考え方が前提となっていました。これに対し，サーバント・リーダーシップは，リーダーはまずフォロワーを尊重した行動を選択し，その結果としてフォロワーに影響力を及ぼすという前提に立ちます。近年，サーバント・リーダーシップは職場の心理的安全性[8]やモチベーション向上，組織市民行動[9]の促進に有効であることが報告されており，リーダーの価値観や倫理的な意識の重要性が増大しています[10]。サーバント・リーダーの行動の特徴は次の 10 の要素にまとめられます（Spears, 2010）[11]。

---

[8] 心理的安全性（psychological safety）とは，「関連のある考えや感情について人々が気兼ねなく発言できる雰囲気」（Edmondson, 2012 野津訳 2014）を指します。

[9] 組織市民行動（organizational citizenship behavior）とは，組織や職場での従業員による自発的な行動のうち，職務や役割として割り当てられていない行動で，それによって組織の成果が促進されるものを意味します。

[10] 中山（2016）はグリーンリーフの思想・哲学からサーバント・リーダーシップの特性として，①人を成長させること，②謙虚さ・真摯さ，③信頼，④受容と共感，⑤予見と概念化による指示，⑥奉仕とコミュニティの再建，の 6 つを抽出し，サーバント・リーダーシップ特性の日本の企業組織における有効性を検討しています。

[11] スピアーズによると，サーバント・リーダーシップは「意思決定に組織成員を参加させることを目指し，倫理的で思いやりのある行動に根差すものであり，組織生

①耳を傾けること（listening）

メンバーに対して受容的な態度で傾聴する。聴くことには，自分自身の内なる声を聞くことも含まれる。

②共感（empathy）

サーバント・リーダーは，他者を理解し，共感するよう努める。メンバーの善意を前提とし，彼らを人として拒否しない。

③癒すこと（healing）

人間関係を癒す。サーバント・リーダーは，人々が精神的に傷ついていることや欠けていることを認識し，接触する人々の全体性（wholeness）を探し求める。

④気づいていること（awareness）

意識を高めること，特に（倫理，権力，価値観に関する）自分への気づきは，サーバント・リーダーシップを強化し，より統合された全体論的な立場から状況をみることができるようになる。

⑤説得（persuasion）

サーバント・リーダーは，組織内で意思決定を行う際に，自分の地位に基づく権限ではなく，また，服従を強制するのではなく，説得によって他者を納得させようとする。

⑥概念化すること（conceptualization）

サーバント・リーダーは，大きな夢を思い描く能力を育むことを目指している。サーバント・リーダーになろうとするリーダーは，自分の考えを広げて日常の現実（業務上の目標）を超えて，より広範な概念的思考を取り入れなければならない。

⑦先見性（foresight）

概念化することと密接に関連する。今の状況がもたらす結果を特定することができなくても，それを見定めようとすること。サーバント・リーダーは，過去からの教訓，現在の現実，将来への決定の可能性のある結果を理解する。

活の質と思いやりを向上させると同時に従業員の成長を促進するリーダーシップである」と定義されます。

⑧奉仕する心（stewardship）

　サーバント・リーダーは「信頼して大切なことを任せられる人」である。サーバント・リーダーは，何よりもまず他者のニーズに応えるということを前提として人を導く。

⑨人々の成長へのコミットメント（commitment to the growth of people）

　サーバント・リーダーは，人は労働者としての目に見える貢献以上の価値をもっていると信じる。そのため，サーバント・リーダーは，組織内のすべての個人の成長に深く関与している。サーバント・リーダーは，メンバーの個人的および専門的な成長を育むことへの責任を認識している。

⑩コミュニティを築くこと（building community）

　サーバント・リーダーは，人類の歴史の中で，人の活動の中心が地域コミュニティから大規模な機関に移行し，多くのコミュニティが失われたことを認識し，特定の同じ機関内で働く人々の間にコミュニティを創造しようとする。

　このようにサーバント・リーダーの行動は多くの要素を含んでいますが，サーバント・リーダーシップの発揮は，これらの行動を実行するか否か，リーダー自身の価値観（そのような価値観をもっているか否か）に左右されると考えられます。

● さらに学びたい人のための推薦図書

金井 壽宏（2005）．リーダーシップ入門　日本経済新聞出版社
三隅 二不二（1984）．リーダーシップ行動の科学　改訂版　有斐閣
グリーンリーフ, R. K.　金井 壽宏（監訳）金井 真弓（訳）（2008）．サーバントリーダーシップ　英治出版

組織コミットメント

この章では，働く人と組織，あるいは働く人と仕事の結びつきによって促進される仕事への意欲や成果について考えます。

12.1　組織コミットメント

　私たちの暮らしを支えるさまざまな社会・経済活動は，組織[1]を基盤に運営されています。皆さん自身も，学校，職場，地域社会等でさまざまなグループや組織の一員として活動されていることでしょう。そのような中で，「自分が所属しているグループや組織がとても気に入っているので，いつまでもこのメンバーでいたい！」と感じた経験はありませんか。**組織コミットメント**（organizational commitment）とは，自分が所属する組織に一体感や愛着をもち，「組織にとどまろう，所属し続けよう」とする気持ち（態度）のことです。組織コミットメントとワーク・モチベーションは，両方とも従業員の行動や業績を予測できるという点で，類似している部分があります。大きく異なる点は，ワーク・モチベーションが「仕事へのやる気」を示し，比較的短時間で変化するのに対して，組織コミットメントは，「個人と組織の結びつきの強さ」を示すので，持続的・安定的であるということです。たとえば，ワーク・モチベーションは，異動や職場の上司が変わることで変化することも実際に多くありますが，組織コミットメントは，直属の上司や仕事内容が変わっても短時間で変

---

[1] 組織とは，共通の目的の実現に向けて，コミュニケーションをとりながら協働する人々の集まりのことです。

化することはほとんどありません。

　組織コミットメントの概念の背景には「従業員が組織を好きになれば，離職せずに組織に長くとどまってくれるだろう」という考え方があります。従業員の離職によって，企業にはさまざまなリスクやコストがかかります。たとえば，能力が高く優秀な社員が離職することによって生産性が低下したり，他のメンバーの業務負担が増えてモチベーションが低下したり，欠員を補充するための採用や教育に関わるコストが生じたりすることなどがあります。したがって，企業は従業員の離職を防いで組織に長くとどまらせ，このようなリスクを回避する必要があります。組織に所属し続けたいと強く願う気持ちをもつメンバーは，所属する組織の価値観や目標を受け入れ，組織のために努力をすると考えられます[2]。組織コミットメントの向上は，組織で働く人の離職を防ぎ，業績や生産性の向上をもたらすことから，人材マネジメントの現場でも「いかにして組織コミットメントの高い組織をつくるか」が重要な課題の一つとして着目されてきました。

12.2　組織コミットメントの構成要素

　組織コミットメント概念のとらえ方は，大きく 2 つに分類されます。1 つ目は，組織コミットメントを「組織への愛着（一体感）」を示すものとして，1 次元の概念としてとらえる立場です。2 つ目は，組織コミットメントを複数の要素で構成される概念として多次元でとらえる立場です。近年，組織コミットメントの研究では，組織コミットメントを多次元でとらえる考え方が一般的で，組織コミットメントの具体的な要素を明らかにして，実際の人的資源管理や組織の活性化に活用しようとする潮流があります。代表的な研究として，アレンとメイヤー（Allen & Meyer, 1990）の 3 次元モデルがあります。アレンとメイ

---

[2]　組織コミットメントは「組織の目標や価値に対する信頼と受容，組織の代表として進んで努力する意欲，組織の一員としてとどまりたいという強い願望によって特徴づけられる，組織への同一視や関与の相対的な強さ」と定義されます（Mowday et al., 1979）。

情緒的コミットメント	組織に対する愛着や同一化。 例：現在の組織が好きだから，組織と一心同体の気持ちであるから組織にとどまる。
存続的コミットメント	組織を去るときに払う代償（失う給与や権利など）に基づくもの。 例：組織を辞めるには大きなコストやリスクが伴うから組織にとどまる。
規範的コミットメント	理屈抜きに組織に居続けるべきであるという義務感，忠誠心。 例：「そうすべき」だから組織にとどまる。

図 12.1　組織コミットメントの 3 つの要素

　ヤーは，従来の組織コミットメント研究を整理し，組織コミットメントを，①情緒的コミットメント，②存続的コミットメント，③規範的コミットメントの 3 つの要素（次元）からなる統合された概念として提唱しました（図 12.1）。

　3 つのコミットメントはそれぞれ異なる経験によって形成されます。**情緒的コミットメント**は，「愛社精神」のように，会社が好きで，会社の問題は自分の問題と思うほどに，心からの愛着を感じることから形成される組織コミットメントです。**存続的コミットメント**は，「今，この会社を辞めると給料をもらえなくなる，転職しても今より給料が下がりそうだし，しばらくはこの会社に居続けよう」のように，組織を去るときに払うコストやリスクを意識し，組織が自分に何らかの利益をもたらしてくれることを交換条件に形成される組織コミットメントです。**規範的コミットメント**は「社員として自社のために働くことは当然である」のように，規範意識（社会や組織の道徳や倫理などのルールを主体的に守ろうとする意識）が生み出す組織コミットメントです。

　実際に組織で活動する個人は，これらの 3 つの組織コミットメントが混在した状態を経験すると考えられています。たとえば，「給料を得るために会社にとどまる必要があるし，継続して組織に貢献すべきだという義務感もある，それに職場が好きだから辞めたくない」といったように一人の個人の中に 3 つの

表 12.1　**組織コミットメント尺度の項目**（労働政策研究・研修機構，2003）

情緒的要素
1. この会社の問題があたかも自分自身の問題であるかのように感じる
2. この会社の一員であることを誇りに思う
3. この会社のメンバーであることを強く意識している

存続的要素
4. この会社を離れるとどうなるか不安である
5. 今この会社を辞めたら，生活上の多くのことが混乱するだろう
6. 今この会社を辞めたら損失が大きいので，この先も勤めようと思う

規範的要素
7. この会社の人々に義理を感じるので，今辞めようとは思わない
8. この会社に多くの恩義を感じる
9. 今この会社を辞めたら，罪悪感を感じるだろう

組織コミットメントが同時に存在することもあり得ます。

　なお，組織コミットメントの3つの要素（3次元）の測定については，メイヤーとアレンが開発した**組織コミットメント尺度**（Meyer et al., 1993）が普及しています。日本でも，これをもとに労働政策研究・研修機構（2003）によって**日本語版組織コミットメント尺度**が作成されています（**表 12.1**）。

12.3　組織コミットメントによってもたらされるもの

　組織コミットメントが高い職場では，離職率，欠勤率が低いことが数多くの実証研究で報告されてきましたが，各要素によって効果が異なるという結果も得られています。メイヤーら（Meyer et al., 2002）は，メタ分析（個別の研究によって得られた統計的分析の研究成果を収集して統合，比較する分析研究法）によって次のような各要素の特徴[3]を示しています。

---

[3]　メイヤーら（Meyer et al., 2002）の研究におけるメタ分析の結果，情緒的コミットメントはパフォーマンスや組織市民行動などと正の関係があり，ストレス，仕事と家庭との葛藤とは負の関係があること，規範的コミットメントは組織市民行動と正の関係があることが示されました。一方，存続的コミットメントはパフォーマンスとの間に負の関係があり，ストレスや仕事と家庭との葛藤との間に正の関係があることが示されました。

・情緒的コミットメントは，パフォーマンスや組織市民行動（自分の職務以外でも，命令されなくても自主的に行動し，仲間を助け，組織のためになる行動をとること）を促進し，ストレスを低減させ，仕事と家庭との葛藤を抑制する。

・規範的コミットメントは組織市民行動を促進するが，欠勤の原因となる可能性がある。

・存続的コミットメントはパフォーマンスを低下させ，欠勤，ストレスや仕事と家庭との葛藤を生じさせる可能性がある。

　これらの結果から，組織にとって望ましい効果をもたらすのは「情緒的コミットメント」であるといえます。「規範的コミットメント」はプラス，マイナスの効果があり，存続的コミットメントは必ずしも組織にとってプラスにはなりません。したがって，組織に本当に貢献できる人材を定着させて，組織の成果を高めるためには，情緒的コミットメントを高め，存続的コミットメントを抑制することが有益だと考えられます。

12.4 組織コミットメントを高めるもの

　それでは，情緒的コミットメントを高めるためにはどのようなことが重要となるのでしょうか。これまでの多くの研究によって，組織のメンバーの年齢や勤続年数が上がるほど，組織コミットメント全体（3要素すべて）が高くなることが確認されています。前述のメイヤーら（Meyer et al., 2002）の研究によって，各要素の原因となるもの（先行要因）について，次のような特徴がみえてきました。

・「組織サポート（職場の上司や同僚等から支援を受けられること）」「変革型リーダーシップ」などは，情緒的コミットメントと規範的コミットメントを高める一方で，存続的コミットメントを低める。

・「役割葛藤（役割を遂行する個人にとって2つ以上の両立不可能な要求を満たさなければならない状態や，自らの資質や能力に合わない行動を求められる状態）」の存在は，情緒的コミットメントと規範的コミットメントを低める一方で，存続的コミットメントを高める。

コラム 12.1　メンバーが組織への結びつきを強めていく心理的なメカニズム

　日々の生活の中で，自分が「好き」「気に入っている」と思える組織での活動は，人生への満足感・幸福感をも高めます。ここでは，仕事の場面に着目して，人が組織（会社や職場）を好きになり，組織への結びつきを強めていくプロセスについて考えてみましょう。古川（2011）によると，個人が組織への結びつきを感じるためには，まずその人自身が仕事において何らかの報酬（経済的・心理的報酬）を獲得し，「自分の貢献に組織が応えてくれる」という心地よい感情（快感情）を経験することが重要です。その上で，自分が得た報酬（給料や快感情等）を「組織が提供してくれたもの」と認識する必要があります。そして「組織のおかげ」という感情をもつことが，組織への結びつきを高めると想定されます。ここで重要なのは，この「組織のおかげ」という感情が醸成されるかどうかは，図 12.2 に示すように，①公正さと支援，②価値の共有，③組織からの信頼，④組織についての理解，⑤意思決定への参加，の5つの要因によって規定されることです。これら5つの実現に向けた職場づくりによって，メンバーの「忠誠心」「心地よさと希望」「組織への信頼」「一体感」「組織からの信頼を確認」を育むことが可能になり，個人と組織の結びつき，すなわち情緒的コミットメントを強くすることができると考えられます。

①公正さと支援	組織における公正さと，人間尊重の価値観（メンバーへの正直さ，礼節と丁寧さ，寛大さ，高潔さ）が保たれていることへの反応として，メンバーの「忠誠心」が醸成されます。
②価値の共有	組織の掲げる経営理念や価値観に共感できるとき，メンバーは「心地よさと希望」を感じることができます。
③組織からの信頼	「信頼」とは他者の行動を好意的に受け止めて対応することです。信頼は応報的な特性があるため，組織から信頼されていると感じているメンバーは，「組織を信頼する」ようになると考えられます。
④組織についての理解	職場のオープンなコミュニケーションを通じてメンバーは組織の過去，未来（ビジョン）について理解することが可能になり，メンバーの「一体感」が醸成されます。
⑤意思決定への参加	メンバーが組織活動の意思決定に参加することによって，組織の一員としての自分の存在感，「組織からの信頼」を確認することができます。

図 12.2　**組織への結びつきを強める要因**（古川，2011 をもとに作成）

　これらの結果から，情緒的コミットメントを高めるために，特に「組織サポート」「変革型リーダーシップ」を促進し，「役割曖昧性」「役割葛藤」を低減させる取組みが有益だといえます。つまり，職場に互いに協力し合う雰囲気があり，個人が上司や同僚からのさまざまな支援が得られることや，職場を団結させる優れたリーダーが存在すること，個人の役割が明確にされていること等の実現を意識した職場づくりが，メンバーの情緒的コミットメントを育むポイントになるといえます。

12.5　ワーク・エンゲイジメント

　組織コミットメントと同様に仕事のパフォーマンスや離職率に直結していると考えられている概念として，ワーク・エンゲイジメントがあります。ワーク・エンゲイジメントとは，図12.3に示すように「仕事から活力を得ていきいきしている（活力），仕事に誇りとやりがいを感じている（熱意），仕事に熱心に取り組んでいる（没頭）の3つがそろった状態」として定義されます（島津, 2015）。ワーク・エンゲイジメントと組織コミットメントの違いは，組織コミットメントが個人と「組織」の結びつきの程度を示すのに対して，ワーク・エンゲイジメントは，個人と「仕事そのもの」の結びつきの程度を示す概

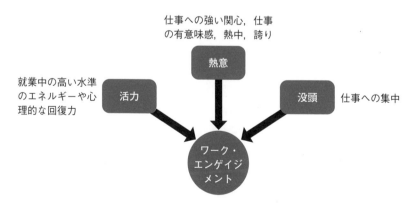

図12.3　ワーク・エンゲイジメントの3要素（島津，2015をもとに作成）

念であるという点です。ワーク・エンゲイジメントが高い人は「仕事からエネルギーを得ていきいきしていて，仕事に誇りをもち，熱心に取り組んでいる状態」にあります。ワーク・エンゲイジメントは，時間の経過とともに変化していく面もありますが，基本的には持続的・安定的な個人の状態，仕事に関連したポジティブで充実した心理状態を示します。

ワーク・エンゲイジメントの概念が確立された背景には，**職場のメンタルヘルス活動**において，従来の精神的不調への対応やその予防だけでなく，人の有する強みやパフォーマンスなどポジティブな面に注目することの有効性が指摘されるようになったという潮流があります。ワーク・エンゲイジメントは，**バーンアウト**（燃え尽き症候群：仕事に対して過度のエネルギーを費やした結果，心身共に疲労し，急にあたかも燃え尽きたかのように仕事への意欲を失い働けなくなる状態）の対極の概念として位置づけられます。**図 12.4** は，ワーク・エンゲイジメントと関連するバーンアウト，**ワーカホリズム**，リラックスの概念の関係性を，「活動水準（＋／－）」と「仕事への態度・認知（快／不快）」の２軸によって位置づけたものです。ワーク・エンゲイジメントは，活動水準が高く仕事への態度・認知が「快」であるのに対して，バーンアウトは，活動水準が低く仕事への態度・認知が「不快」であることが示されています。

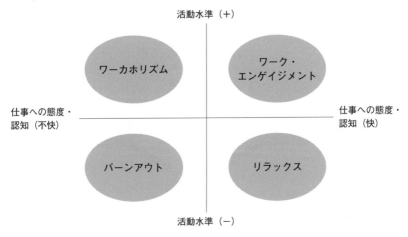

図 12.4 ワーク・エンゲイジメントと関連する概念（島津，2015 をもとに作成）

コラム 12.2　健康いきいき職場モデル

　近年のわが国における職場のメンタルヘルス対策で取り入れられている考え方に，「健康いきいき職場モデル」（川上，2012）があります。このモデルの狙いは「一体感のある職場づくりと，働く人一人ひとりのいきいきによって，組織の生産性向上と，個人の幸福を追求する」ことです。このモデルでは，働く人の心身の健康とハラスメントのない職場に加えて，「従業員のワーク・エンゲイジメント」と「職場への一体感」の2つを高めることを目標にします。「従業員のワーク・エンゲイジメント」と「職場への一体感」を高めるものを「仕事の資源」とし，図 12.5 に示すように「仕事の資源」を3つのレベル，①作業レベル，②部署レベル，③事業場レベルに分類します。

　①作業レベルは，個人の作業レベルで高めることができる仕事の資源です。たとえば，上司が部下の役割を明確に説明したり，部下に裁量を与えたりすることによって仕事の資源を高めることができます。②部署レベルは，部や課などの集団単位で高めることができる資源です。たとえば，職場のコミュニケーションを活性化する取組みによって，お互いの良さを認めて褒め合ったり，サポートし合えるよう

ワーカホリズム（強迫的に過度に働く傾向）は，活動水準は高いものの仕事への態度・認知が「不快」で，ワーク・エンゲイジメントとは異なります。

　ワーク・エンゲイジメントの向上によって，働く人の精神的健康だけでなく，仕事のパフォーマンスに改善がもたらされることから，近年，この推進が企業の人的資源管理の中でも重要な要素になってきています[4]。ただし，ワーク・エンゲイジメントが高い労働者は，時間を忘れて仕事に没頭し長時間労働につながる可能性が指摘されています。過重労働にならないよう，適切なマネジメントが行われることも大切です。

---

[4] 「令和元年版 労働経済の分析」（厚生労働省，2019）では，「働きがい」の分析に，ワーク・エンゲイジメントの概念を活用しています。「働きがい」の向上が，定着率，労働生産性，仕事に対する自発性，顧客満足度などさまざまなアウトカムの向上につながる可能性があることを報告しています。

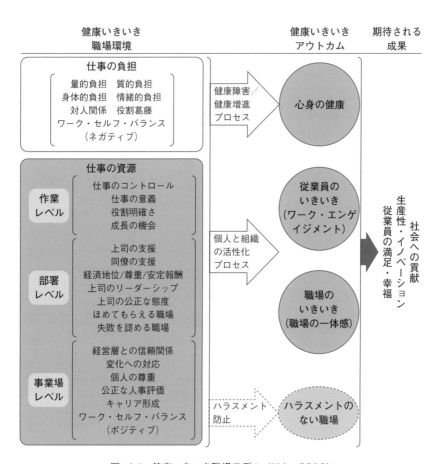

図 12.5　健康いきいき職場モデル (川上, 2012)

にしたり，上司が部下に対して公正な態度をとることができるようマネジメント研修を実施したりすることなどがあげられます。③事業場レベルは，事業所単位[5] で高めることができる資源です。たとえばテレワーク勤務制度を導入することによって，従業員のワーク・ライフ・バランスをとりやすくしたり，教育研修制度を充実化して従業員の能力開発やキャリア形成が促進されるようにしたりすることがあげられ

ます。

　このような①作業レベル，②部署レベル，③事業場レベル，それぞれのレベルでの職場環境改善によって，従業員のワーク・エンゲイジメントや職場への一体感が高まり，最終的には従業員とその家族の満足・幸福および組織の生産性や創造性を高め，社会への貢献につなげることができると考えられます。「健康いきいき職場モデル」に基づいた職場づくりの活動は，個人を対象とした職場のメンタルヘルスの領域のみならず，組織全体を対象とした経営領域に関わるものとして広がりをみせています[6]。

---

[5]　総務省（2023）によると「事業所」は以下のように定義されます（日本標準産業分類（第14回改定））。
　事業所とは，経済活動の場所的単位であり，原則としてその経済活動に次の二つの要件が備わっているものをいう。
（1）単一の経営主体により，一区画を占めて行われていること。
（2）その区画において，人及び設備を有して継続的に行われていること。具体的な事業所とは，例えば，工場，製作所，事務所，営業所，商店，飲食店，旅館，娯楽場，学校，病院，役所，駅，鉱業所，農家等と呼ばれるものである。
[6]　健康いきいき職場づくりを実施する際の具体例は，健康いきいき職場づくりフォーラム事務局による「健康いきいき職場づくりの8つのステップ」等で紹介されています。

● さらに学びたい人のための推薦図書

バッカー，A. B.・ライター，M. P.（編）島津 明人（総監訳）（2014）．ワーク・エンゲイジメント――基本理論と研究のためのハンドブック――　星和書店

鈴木 竜太（2002）．組織と個人――キャリアの発達と組織コミットメントの変化――　白桃書房

田尾 雅夫（編著）（1997）．「会社人間」の研究――組織コミットメントの理論と実際――　京都大学学術出版会

働く人のモチベーションの向上 13

13.1　ジョブ・クラフティング

13.1.1　ジョブ・クラフティングとは

　ジョブ・クラフティング（job crafting）とは，働く人が，主体的に仕事や働き方を工夫し変化させながら，自らの仕事を形作っていくことを意味します。一般的に組織で働く人には業務範囲が割り当てられますが，仕事の境界線が明確に示されない場合もあります。働く人が日々の仕事の場面で「どこまでを自分の仕事として取り組むのか」「どのような人々とどのような関わりをもつのか」「自分の仕事の目的をどのようなものとしてとらえるか」など，自分の仕事の境界を自分で決めて自分の仕事を創ることがジョブ・クラフティングです。例としてよくあげられるのが，株式会社オリエンタルランドの事例です。東京ディズニーリゾートで働く「カストーディアルキャスト」とよばれる掃除係は，自分の役割を単なる掃除係ではなく，「来場者におもてなしをするキャストの一員」ととらえて，来場者に楽しんでもらうために，バケツの水で地面にキャラクターの絵を描いたり，写真撮影や道案内をしたりなど，自ら仕事に工夫を凝らして生き生きと働いています。ジョブ・クラフティングの概念はレズネスキーとダットン（Wrzesniewski & Dutton, 2001）によって提唱され，「個人が自らの仕事のタスク境界もしくは関係的境界においてなす物理的・認知的変

化」と定義されます。定義に含まれる物理的変化とは，仕事の形式や範囲などのことです。認知的変化とは，個人がその仕事をどのようにとらえるかということです。つまりジョブ・クラフティングは，仕事そのものの変化に限定されるものではなく，働く人の「仕事のとらえ方の変化」も含み，業種や職種に関わらず，あらゆる人が実行する可能性をもつと考えられています。

　ジョブ・クラフティングは，表 13.1 に示すように，①タスク・クラフティング，②関係的クラフティング，③認知的クラフティングの3次元[1]によって構成されています（Wrzesniewski & Dutton, 2001）。**タスク・クラフティング**とは仕事の量や範囲，種類を変化させることです。たとえば，スケジュール管理や To do リストの作成を工夫すること，自分の関心のある新しいプロジェク

表 13.1　ジョブ・クラフティングを構成する3次元

①**タスク・クラフティング** （仕事のやり方を工夫する）	②**関係的クラフティング** （仕事に関する人との関わり方を工夫する）	③**認知的クラフティング** （仕事に対する見方を工夫する）
仕事の量や範囲，種類を変化させること。	仕事で関わるさまざまな人との関係を増やしたり，関わり方を変えること。	自分の仕事の目的や意味をとらえ直すこと。
【例】スケジュール管理や To do リストの作成を工夫する。自分の関心のある新しいプロジェクトを企画する。	【例】上司や同僚に自ら相談に行く。お客様と積極的に関わるようにする。	【例】自分の仕事が社会に与える意義を考える。仕事の全体像をイメージする。

---

[1] レズネスキーとダットンは，ジョブ・クラフティングを構成する3次元について，次のような具体例をあげています。
- **タスク・クラフティング**……プロジェクトエンジニアがプロジェクトを完遂するために，自ら定められた役割外の仕事を行うことや，同僚に技術やスキルを教えることなど。
- **関係的クラフティング**……病院の看護師が患者の擁護者となるために患者の世界に気を配り，患者の家族とも関係を築くことや，美容師が単に髪を切ることだけでなく顧客との親密な関係性を作ろうとすることなど。
- **認知的クラフティング**……病院の清掃員が自らの仕事を単なる清掃ととらえずに，清掃員も医療行為を担っているととらえることなど。

トを企画することなどがあげられます。**関係的クラフティング**とは，仕事で関わるさまざまな人との関係を増やしたり，関わり方を変えてみたりすることです。たとえば，上司や同僚に自ら相談に行くようにすることや，お客様と積極的に関わるようにすることなどがあげられます。**認知的クラフティング**とは，自分の仕事の目的や意味をとらえ直すことです。たとえば，自分の仕事が社会に与える意義を考えることや，仕事の全体像をイメージすることなどがあげられます。

13.1.2　ジョブ・クラフティングへのモチベーション

レズネスキーとダットン（Wrzesniewski & Dutton, 2001）によると，ジョブ・クラフティングへの動機には，①仕事やその意味をコントロールしたいという欲求，②自分に対してポジティブなイメージを維持したいという欲求，③他者とのつながりをもちたいという欲求，の3つがあげられます[2]。「仕事やその意味をコントロールしたいという欲求」は，人間の基本的な欲求に基づくものです。これが満たされない自律性の低い仕事の場合，それに従事する人は自分がコントロールできる新しい領域を見出そうとジョブ・クラフティングをするようになると考えられます。また，人は「自分についてポジティブなイメージを維持したいという欲求」をもつ傾向があります。仕事の場面でこれが満たされない人は，自分自身にとってのポジティブな意味を確立するために，仕事や人間関係に変化を加えるジョブ・クラフティングを実行するようになると考えられます。さらに，人には「他者とのつながりをもちたいという欲求」があります。この欲求が，人との関わり方を工夫し変化させるジョブ・クラフティングにつながります。

ジョブ・クラフティングの理論モデル（**図 13.1**）では，上記3つの欲求がジョブ・クラフティングを実行するモチベーションの源泉となります。ジョブ・クラフティングを実行することによって，仕事の目的をあらためて感じる

---

[2] これら3つの欲求を満たすために，ジョブ・クラフティングが行われます。したがって，上記3つの欲求がすでに満たされている場合よりも，不足と感じる状況のほうが，ジョブ・クラフティングが実行される可能性が高いと考えられます。

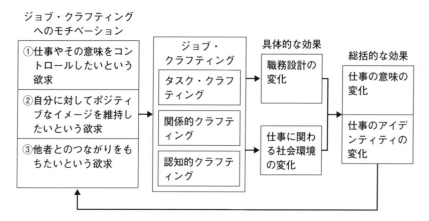

図 13.1　ジョブ・クラフティング・モデル（Wrzesniewski & Dutton, 2001 をもとに作成）

ことができるようになり，「仕事の意味」が変化します。また，「自分はどのように仕事と関わっていくのか，仕事を通していかに自分らしく成長していくのか」という「仕事のアイデンティティを確立」する効果がもたらされ，さらに新たなジョブ・クラフティングへのモチベーションが喚起されるといった好循環が生まれると考えられています。

　数多くの研究によってジョブ・クラフティングはモチベーションの向上や職務満足感など，働く人にポジティブな影響を及ぼすことが報告されています。わが国でも，ジョブ・クラフティングを実行している人はワーク・モチベーションが高く，心理的なストレスが低くなることが報告されています（島津・櫻谷, 2019）。しかし一方で，組織にとっては，必ずしもメリットをもたらすものばかりではないことも指摘されています[3]。働く人の健康や生産性向上のために，ジョブ・クラフティングの促進が推奨されていますが，あくまでもジョブ・クラフティングは，働く人が自分の仕事の意義を高め，働きがいをもつことを目的として行うものと考えられます。

---

[3] たとえば，特定の社員が担当している業務の詳細や進め方が，当人以外ではわからなくなってしまう「仕事の属人化」のリスクなどがあげられます。

コラム 13.1　やる気の出る仕事の条件とは？
——職務特性理論とジョブ・クラフティング

　職務特性理論とは，「仕事そのもの」に着目し，モチベーションを高める仕事の特性を明らかにしようとする理論です。働く人の意欲を高め，生産性を向上させるための職務設計（ジョブ・デザイン）や，その事前段階の職務の診断評価の基礎理論として位置づけられています。「**職務**」とは，組織で働く人が担当するひとまとまりの仕事を意味します。

　ハックマンとオルダム（Hackman & Oldham, 1975）によると，以下の5つの仕事の条件（中心的職務次元）をより多く備えた仕事ほどモチベーション（重要な心理状態）が高まると考えられます。

①技能多様性……その仕事で，どれくらい広く多様な技能を必要とするか。

②仕事一貫性……その仕事は初めから終わりまで一貫性がありまとまっているか。

③仕事有意味性……その仕事が，社内外の人々にどの程度影響力をもつか。

④自律性……仕事の進め方をどの程度自由に進められるか。

⑤フィードバック……自分の仕事の進み具合についてどの程度明確な情報が得られるか。

　この5つの次元は，3つの「重要な心理状態」である「①経験した仕事の有意味感，②経験した仕事の結果に対する責任感，③業務活動の成果についての知識」につながり，最終的に働く人の内発的モチベーション，パフォーマンス，職務満足度を高め，欠勤や離職を低下させるとされます（図 13.2）。なお，仕事の特性がモチベーションに影響を与える効果は従業員の「成長欲求」の程度によって変化すると指摘されており，成長欲求をもたない人には，このモデルは有効でないとされる点には注意が必要です。

　職務特性理論は，仕事がもつ動機づけの機能に着目している点では，ジョブ・クラフティングと類似しています。両者が大きく異なる点は，仕事を設計する主体が，組織の側にあると考えるか，個人の側にあると考えるかにあります。職務特性理論は，従業員の仕事は組織（上司）が決定するという考え方に基づき（トップダウンアプローチ），仕事の設計を通じたマネジメントの実践に貢献しています。これに対

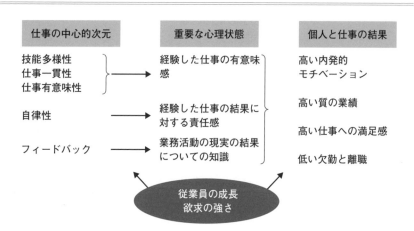

図 13.2　仕事の中心的次元，重要な心理状態，および職場での成果に関する理論モデル（従業員の成長欲求によって調整される）（Hackman & Oldham, 1975 をもとに作成）

してジョブ・クラフティングは，働く人が自ら仕事を設計することが可能であるという考え方に基づき（ボトムアップアプローチ），個人が自分の仕事の意義を見出し自らモチベーションを高めることに着目します。ジョブ・クラフティング概念の根底には，働く人を「自ら仕事を工夫し，変革していく能力をもつ存在である」ととらえる人間観があるといえます。

13.2　感情労働

13.2.1　感情労働とは

感情労働（emotional labor）とは，つねに自分自身の感情をコントロールし，相手に合わせた言葉や態度が求められる仕事を意味します。感情労働の概念を提唱した社会学者のホックシールド（Hochschild, 1983 石川・室伏訳 2000）によると，感情労働とは，「職務遂行にあたり公的に観察可能な表情と身体的表現を作るために行う感情の管理」と定義され，賃金と引き換えに売られ，交換価値を有するものであると説明されます。「肉体労働」は体力を使って報酬を得ることができ，「頭脳労働」はアイデアや企画などを提供して報酬を得るこ

とができるのに対して，感情労働は自分の感情をコントロールし，相手（顧客）に働きかけることで報酬を得ることができる労働と位置づけられます。感情労働を要する仕事には次の3つの特徴があると考えられています。

①対面あるいは声による顧客との接触がある。

②感情労働者は，他人の中に感謝の念や恐怖心など何らかの感情変化を起こさなければならない。

③そのような職種における雇用者は，研修や管理体制を通じて労働者の感情活動をある程度支配している。

　ホックシールド（Hochschild, 1983 石川・室伏訳 2000）は，感情労働の典型的な事例として，旅客機の客室乗務員と金銭取立ての集金人を取り上げています。客室乗務員は「売り物としてのサービスを提供し，乗客の地位を引き上げ，乗客の中に好意と信頼の気持ちを誘発させなければならない」，集金人は「たとえ顧客の自尊心を完全に犠牲にしようとも集金しなければならない」と説明しています[4]。このように感情労働に従事する人は自分の感情に関わらず，職務として感情を抑え，職業上望ましいとされる対応をすること，つまり感情の管理が求められます。サービス産業の進展[5]に伴って，感情労働は現代社会の働き方を考える上で重要な概念となっています。

　労働政策研究・研修機構（2022）によると「**仕事**とは，職業活動において特定の活動を果たすために払われる精神的，身体的努力をいう」と定義されています。このような意味では，あらゆる仕事に感情をコントロールする労力も含まれているといえます。あらゆる仕事は肉体的な労力，思考・判断などの知的な労力，そして感情をコントロールする労力が混然一体となって実行されるものであり，職種によってそれらのエネルギー配分が異なっていると考えられま

---

[4] 他にも，看護師などの医療職，介護士などの介護職，コールセンターのヘルプデスク，官公庁公務員，教師や保育士，企業の営業担当の仕事など，直接顧客とやりとりしたり，顧客にサービスを提供したりするような対人サービス業務全般が感情労働に含まれます。

[5] 経済産業省（2022）によると，日本のサービス産業（宿泊，飲食，生活衛生，教育・学習支援，業務支援等のほか，卸・小売，運輸，金融保険，情報通信等含む）は，名目GDPの約7割を占め，規模は拡大傾向にあります。

す。感情労働として議論の対象とされてきたのは，仕事を遂行する際必要とされるすべての感情ではありません。顧客に対して向けられる働く人自身の感情のコントロールに焦点があてられています。

13.2.2 感情を管理することによる影響

「感情を管理」する方法は，「**表層演技**」と「**深層演技**」の２つに分けられます。「表層演技」は，たとえば顧客に対してイライラする気持ちを隠して笑顔で接客するなど，そのときの状況で抱いた感情を抑制し，顧客に対して適切な感情をもっているように見える表情やしぐさをすることです。「深層演技」は，たとえば顧客がトラブルに見舞われたときに，心から同情して対応にあたるなど，その状況に応じた適切な感情を心の底から感じられるように，自分の内面の感情に働きかけ，自分の内面から誘発する（呼び起こす）ことです。

表層演技も深層演技も，自然に生じた感情をコントロールするので精神的負荷が伴います。肉体の疲労であれば，多くの場合は栄養と睡眠をとって数日休めば回復しますが，感情を管理することで蓄積された精神的な疲労は回復するまでに長期を要します。感情を管理し続けることが，**バーンアウト**（燃え尽き症候群）[6]や非正直であることへの罪悪感，感情を自分のものと認識できなくなる「自己疎外[7]」をもたらす可能性があります。

とりわけ「表層演技」では，その状況で内面に生じている自分の感情と，実際に顧客に対して表現する感情との間に不一致が生まれるので，葛藤が引き起こされます。このような，実際に抱いている感情とは異なる感情を表すことが求められるときに経験する葛藤のことを「**感情の不協和**」とよびます。「表層

---

[6] バーンアウトは，「極度の身体的疲労と感情の枯渇を示す症候群」と定義されます（Maslach, 1976）。「燃え尽き症候群」ともいわれ，まるで燃え尽きたかのようにやる気をなくしたり，辞職していく現象のことです。情緒的消耗感，脱人格化，個人的達成感の減退，の３つの下位概念から構成されます。

[7] ホックシールドは，「感情管理を自分自身で制御する能力が衰えると，演じているという状態から演じている役になりきってしまう状態に陥り，本来の自分が失われてしまう自己疎外の問題が生じる」（Hochschild, 1983 石川・室伏訳 2000）と述べています。

演技」と「感情の不協和」は、「情緒的消耗感（単なる疲労ではなく、心理的な要素が中心となった疲労感、虚脱感のこと）」「脱人格化（サービスを受ける人に対して無情な対応をすること）」をもたらす可能性が高いことが多くの研究によって見出されています。

13.2.3 感情労働とモチベーション

感情労働という働き方には、ネガティブな面ばかりでなくポジティブな面もあります。特に「深層演技」は、働く人に良い影響をもたらすことが報告されています。たとえば、「深層演技」が「個人的達成感（仕事における能力や達成感に関する感情）」を高めることや（Brotheridge & Grandey, 2002）、職業的アイデンティティの形成（職業的役割を繰返し体験することにより形成される、職業を通して自分がどのように仕事と関わっていくのかということに関する自己概念、主体的に仕事に取り組んでいるという自己概念）を促進する可能性があることが報告されています（光岡, 2019）。「深層演技」の実行には、仕事で重要とされる価値を受け入れ、自分自身の感じ方を仕事に適したものに変えていこうとする努力が必要となります。つまり、「深層演技」を遂行する人は、その仕事で求められている理想像や職業人としてのあるべき姿を受け入れ、その姿を目指そうとするモチベーションを維持し続けているといえます。また、顧客からの感謝や賞賛によって、感情労働に従事する人の職務満足感が高められることが報告されています（たとえば、須賀・庄司, 2010）。これらの研究は、顧客の喜びや感謝が、働く人自身の喜びや達成感につながり、仕事への満足感やモチベーションの向上をもたらす可能性があることを示しています。

実際に、感情労働にやりがいを感じて、生き生きと働いている人は少なくありません。感情労働は、顧客の役に立ったり、顧客を笑顔にしたりすることで、喜びや幸せという感情に直接ふれることができる仕事でもあります。日常生活の中で耳にする「おもてなし」「ホスピタリティ」「CS（カスタマーサティスファクション）」「神対応」という言葉は、配慮に満ちた最大限のサービス、感心するほど行き届いた対応がなされることの価値を示しています。企業組織ではサービスの質の向上が競争力を高めることから、サービスの評価指標として

「顧客満足度（CS）」を重視するようになりました。組織においても，感情労働に従事する人のモチベーションの維持・向上はますます重要になると考えられています。

　感情労働に従事する人がモチベーションを維持していく上で大切なのは，まず感情労働という働き方にはポジティブな面，ネガティブな面の両面があるのを理解することです。自身の感情のコントロールに際しては，「感情の不協和」からの緊張を解消し，疲れをため込まないようにリラクゼーションや気分転換をするなどのセルフケアを行うことが重要です。また，仕事を通して顧客の役に立ち感謝されるということ，それによって所属組織に貢献できるということが，自分にとってどのような価値や意義があるのかを考えておくことが有効です。自分のありたい姿をイメージし，働く目的を明確化し，長期的な目標を設定することは，職業人として感情を管理していく活力になると考えられます。

13.3　社会的貢献感

13.3.1　社会的貢献感とは

　近年，仕事を通じて社会に貢献したい，人の役に立ちたいと考える若者が増えていることが報告されています。全国の 16～29 歳の男女を対象とした就業意識に関する調査では，仕事を選択する際に「人の役に立つこと」が，「とても重要」「まあ重要」と回答した者は 71.8％となっています（内閣府，2018）。「社会のために役立つことをしたいと思いますか」という質問について，「そう思う」または「どちらかといえばそう思う」と回答した者に対して尋ねた「具体的に何を通じて社会のために役立ちたいと考えていますか」という質問への回答では，「自分の職業を通して」（25.4％）がもっとも高く[8]，「仕事を通じた」社会への貢献意欲が高いことが示されています（内閣府，2020）。仕事場面で働く個人が，自らの仕事を通じて他者や社会の「役に立てている，貢献できて

---

[8]　次いで高いものは，順に，「体育・スポーツ・文化に関する活動」（24.1％），「わからない」（21.6％），「自主防災活動や災害援助活動」（17.1％）という結果となっています。

いる」という感覚は「**社会的貢献感**（sense of social contribution）」とよばれます。池田ら（2021）によると「社会的貢献感」とは「自らの業務を通じて顧客や同僚，上司（総称して『社会的』）に貢献できていると感じる程度」と定義されます。今後，社会的貢献感は，さまざまな役割や仕事に従事する人のモチベーション・マネジメントにおいて，ますます重要になると考えられます。

13.3.2　社会的貢献感とモチベーション

　組織で働く人が従事する仕事は，仕事の内容が明確に定められている（定型業務）かどうかを軸に，次の3つに分類することができます（内閣府，2013）。

①非定型分析・対話型業務

　図表やレポートの理解など認知的な仕事や交渉など他人と相互に関係する仕事（例：研究，調査，設計，コンサルティング，経営・管理，教育，営業等）。

②定 型 業 務

　仕事の順番や方法が決められ，新たな知識の吸収を必要としない仕事（例：一般事務，会計事務，検査・監視，製造業等）。

③非定型肉体労働業務

　肉体労働を行う頻度が高い仕事（例：輸送機械の運転，修理・修復，サービス等）。

　中でも定型業務[9]は分業化され単調な傾向にあり，自己の成長，達成感が感じられにくいことでモチベーションの維持が難しく，離職率の高さにもつながることが指摘されています。

　有吉ら（2018a）は，オフィスワーカーを対象にした調査で，定型業務がワーク・モチベーションを抑制するプロセスを検討しました。その結果，定型業務では，顧客と社会への貢献感，自己の成長，達成感が感じられにくいことでワーク・モチベーションが抑制されること，社会的評価や経済的な報酬は

---

[9] コラム 13.1（p.159）参照。職務特性理論（Hackman & Oldham, 1975）の5つの仕事の条件（中心的職務次元）うち，定型業務では「技能多様性」が求められないため仕事の意味を感じることできず，ワーク・モチベーションを向上させることが難しいと考えられます。

ワーク・モチベーションに影響しないことを明らかにしました。つまり，定型業務のワーク・モチベーションをマネジメントする上では，単に報酬を高めればよいというわけではなく，社会的貢献感などの仕事の意義を感じさせることが効果的だということです。定型業務に従事する人が，自ら「自分の仕事がその所属する組織の目標達成を通じてどのように人々や社会の役に立っているのか」という社会的貢献感を意識することが，自身のモチベーションの維持や向上，働きがいにつながるといえます。

　また別の視点で分類すると，営業・販売や製造などのように具体的な数値目標を設定し，日々の活動を通じた成果や業績の達成を自分で確認して達成感を得やすいものと，検査，監視，安全点検，顧客窓口などのように具体的な目標を設定するのが難しく成果を実感しづらいものがあります。後者のような仕事に従事する人についても，社会的貢献感の有効性が報告されています。

　有吉ら（2018b）は，顧客からのトラブルやクレームに対応するインバウンド型（顧客から企業に問合せや訪問してもらう手法）のコールセンターのオペレーターを対象に，仕事に対するモチベーションを向上させる心理的プロセスを検討しました。調査した項目は，社会的貢献感（顧客と社会・所属組織・同僚），上司からのフィードバック（肯定的・否定的），仕事へのモチベーション，顧客を配慮した適切な対応です。上司からの肯定的なフィードバックとは「上司から感謝される，褒められる」こと，否定的なフィードバックとは「上司から怒られる，叱られる」ことでした。その結果，働く人は上司からの肯定的なフィードバックによって顧客や組織に対する社会的貢献感を感じることができ，それが仕事へのモチベーションの向上，顧客を配慮した適切な対応につながっていくことが示されました。一方，上司からの否定的なフィードバックは，社会的貢献感や仕事に対するモチベーションに影響を与えませんでした。これらの結果は，具体的な目標を設定するのが難しく，成果を実感しづらい仕事に従事する人のモチベーションの維持・向上のためには，上司からの感謝や褒め言葉といった肯定的なフィードバックによって，社会的貢献感を高めることが有効であることを示しています。

コラム 13.2　仕事に取り組むプロセスとモチベーションの源泉

　働く人が職務目標の達成に向けて課題に取り組むプロセスは，「着手」「中途」「完了・結果」の 3 つの段階に分けてとらえることができます。古川（2011）は，モチベーション・マネジメントの視点から，課題遂行の段階ごとに組織のメンバーに生まれるべき意識すなわち「モチベーションの源泉」と，それにつながる基本的な周囲の働きかけをまとめています（表 13.2）。

　着手段階では，メンバーがこの仕事を「やってみよう」と思えることが重要です。メンバー個々に自分が取り組む課題の意義や意味づけができていることや方法論が明確化されている必要がある段階です。中途段階では，「やり遂げよう」という意識が重要です。タスクやプロジェクトが長期にわたることもあるので，困難なことがあっても，モチベーションを維持することが求められます。自分の活動を確認し，効力感（やればできるという自信がもてること），達成への筋道がみえるといったことが必要な段階です。完了・結果段階では，「やってよかった・また次もやろう」と思えることが重要です。やり遂げたことの「達成感」「成長を実感できること」「公正・公平に評価された」という意識が，次のタスクへのモチベーション喚起に必要となります。

　このように，仕事のプロセスごとに働く人に求められるモチベーションの質とマネジメントのポイントには違いがあることを理解しておくことは，セルフコントロールや職場・チームのモチベーション・マネジメントに有益です。

表 13.2　**課題遂行の段階によるモチベーションの源泉の差異**（古川，2011 をもとに作成）

	着手段階 「やってみよう」 （覚醒と方向性）	中途段階 「やり遂げよう」 （持続）	完了・結果段階 「やってよかった・ また次もやろう」
メンバーの意識	• 取り組む課題の意義が分かる 　1. 興味の実現や自己成長 　2. 顧客や組織の発展，同僚やチームへの貢献 • 方法論やシナリオがみえる	• 自分の活動の確認（自省） • 進捗が自覚できる • 効力感を感じる • 解決や達成への糸口や筋道がみえる • 周りとの協力関係	• 達成感 • 自己成長感 • 公正感
周囲の働きかけ	• 課題と役割の明確化（意味づけをする） • 期待や信頼を寄せる • 指示や要請をする	• 関心を寄せ注目する • 助言や相談にのる • 激励や支援をする • フィードバックをする • 判断や裁量を重視する	• 労い，感謝する • 工夫や努力の承認や賞賛 • 評価，報酬を用意する

● さらに学びたい人のための推薦図書

ホックシールド，A．R．石川 准・室伏 亜希（訳）（2000）．管理される心──感情
　　が商品になるとき──　世界思想社

高尾 義明（2021）．「ジョブ・クラフティング」で始めよう 働きがい改革・自分
　　発！──自分で仕事にひと匙，仕事の再創造が働きがいに──　日本生産性本
　　部 生産性労働情報センター

キャリア形成への
モチベーション

14

┌─ ■学びのテーマ ─────────────────────────

　この章では，私たち一人ひとりが「満足で納得できる人生」を歩んでい
くためにはどのようなことが大切になるのか，モチベーションの視点から
考えます。

└────────────────────────────────────

14.1　キャリアとキャリア発達

　「キャリア」は，職業，経歴，生涯，出世などを示す日常用語として用いら
れています。「キャリア」の語源である「career」は中世ラテン語の「車道」
を起源とし，英語では競馬場や競技場のコースやそのトラック（行路，足跡）
を意味するものでした。さらに人がたどる行路やその足跡，経歴，遍歴なども
意味するようになり，この他，特別な訓練を要する職業や生涯の仕事，職業上
の出世や成功をも表すようになったと考えられています（厚生労働省，2002）。
このようにキャリアという言葉が意味する内容はさまざまですが，ここでは，
キャリア[1]を，「人が生涯を通じて形づくる役割と生き方」（角山，2011）として
とらえることとします。キャリアは過去・現在・未来と連なっていくものであ
り，一人ひとりが生涯を通じて実践していくものです。未就業の大学生のキャ
リアの主となるテーマは，自らの職業の適性，潜在能力，希望や動機を確認し，
職業とのすり合わせを行って選択すること，すなわち就職することですが，就

───────────────────────────────────

[1] 文部科学省（2006）によると，キャリアとは「個々人が生涯にわたって遂行する
様々な立場や役割の連鎖及びその過程における自己と働くこととの関係付けや価値
付けの累積」と定義されます。

職はキャリアのゴールではありません。私たちは社会人になってからも，さらに成長，発達を遂げながら職場，家庭，地域社会，その他プライベートな場面などで，さまざまな役割を果たしキャリアを発達[2]させていくことになります。

　キャリア理論の研究者スーパー（Super, 1957 日本職業指導学会訳 1960）は，キャリアの発達を生涯にわたる過程としてとらえ，職業の面からキャリアの発達段階（**職業的発達段階**）を提示しました。スーパーは，**職業的発達**の過程を①成長期（0〜14 歳），②探索期（14〜25 歳），③確立期（25〜45 歳），④維持期（45〜65 歳），⑤下降期（65 歳以降）の 5 段階に分類し，以下に示すように各発達段階の発達課題（人間が健全で幸福な発達を遂げるために各発達段階で達成しておくことが望ましいとされる課題）を示しています。

①成長期（0 〜 14 歳）

　自分がどういう人間であるかということを知る。職業・仕事についての積極的な態度を養い，働くことの意味についての理解を深める。

②探索期（14 〜 25 歳）

　自分に適切だと思う職業について大まかな予想を立てて，職業の選択を行う。その職業，仕事につくために必要な準備をする。

③確立期（25 〜 45 歳）

　職業への方向づけを確定し，その職業に就く。その後経験を積んで，能力を高め昇進する。

④維持期（45 〜 65 歳）

　確立した地位を保持する。

⑤下降期（65 歳以降）

　退職後の活動や楽しみを見出すことを考え，退職後に実行する。

　スーパー（Super, 1957 日本職業指導学会訳 1960）が提示した職業的発達段階と発達課題は，人生 100 年時代を迎える現代に生きる私たちにそのままあて

---

[2] 文部科学省（2006）によると，発達とは「生涯にわたる変化の過程であり，人が環境に適応する能力を獲得していく過程である。その中でキャリア発達とは，自己の知的，身体的，情緒的，社会的な特徴を一人一人の生き方として統合していく過程である」とされます。

はめることはできない部分もありますが，自分らしさを発揮して働き，健全に生きていくためにはどのようなことが課題となるのかを，自分自身で考える上で参考になります。

14.2　ライフ・キャリアとワーク・キャリア

　キャリアをとらえる視点の一つとして「ライフ・キャリア」と「ワーク・キャリア」という考え方があります（図14.1）。この場合，「ライフ・キャリア」は仕事以外の人生全体，生き方そのものを意味します。「ワーク・キャリア」は職業人生，仕事，働き方を意味します。仕事は人生全体の一部分ですが，私たちは限られた人生の中で，仕事に対して多くの時間とエネルギーを注ぐことになります。「ワーク・キャリア」を満足かつ納得できるものにしていくことは，より良い人生を歩むために重要だといえるでしょう。ここではワーク・キャリアに焦点をあて，働く人の職業能力開発・キャリア形成[3]を促進するモチベーションについて考えてみましょう。

　さて，私たちが働く環境に目を向けると，産業構造のサービス経済化[4]，第4

図14.1　ライフ・キャリアとワーク・キャリア

---

[3]　キャリア形成とは，「個人が職業能力を作り上げていくこと」を意味します（厚生労働省，2002，2015）。
[4]　経済発展に伴って経済活動の重点が農林水産業（第1次産業）から製造業（第2次産業），非製造業（サービス業，第3次産業）へと移る現象。

次産業革命（IoT，センシング，ビッグデータ，AI，ロボット等）に伴う技術革新等が進み，労働者に求められる職業能力に変化が生じています[5]。また人生100 年時代を迎え，労働者の職業人生が長期化し，働き方もこれまで以上に多様化しています。長期雇用等に特徴づけられる日本型の雇用慣行も徐々に変化しています。労働者が雇用の安定を図るためには，求められる職業能力と自分自身がもつ能力との間にミスマッチを起こさないようにしていくことが必要であり，労働者自身が自らの職業能力開発・キャリア形成に責任をもち，意欲をもって学び続けることが重要です（厚生労働省，2020）。私たちは変化する時代のニーズに即して生涯を通じて学び続け，自らキャリア形成を行うことが求められているといえます（自分らしい価値観・興味・関心を把握し，それによって自分を律しながら主体的にキャリアを形成していくことを「キャリア自律」といいます）。

　企業が厳しい競争環境の中で経済社会のニーズに応え発展していくためには，中・長期的な経営方針・ビジョンに対応して，人を育てる必要があります。人が育つ活力ある組織づくりへの取組みとして，従業員の自律性を促し，業績向上につなげるための能力開発機会の提供やモチベーション・マネジメント等のキャリア支援が企業にとって重要な課題となっています。従業員一人ひとりのキャリア形成とそれを支える企業のキャリア支援によって，企業もそこで働く従業員も共に成長していくことができると考えられます。

14.3　キャリア・モチベーション

　それでは，私たち一人ひとりが成長し，より良い職業人生を歩むためには，どのようなことが大切なのでしょうか。モチベーションの視点から考えると，働く人のキャリア形成や仕事における能力開発を促すモチベーションはキャリア・モチベーション（career motivation）といわれます（London, 1983）。キャ

---

[5] AI の導入が進んだ結果，機械化可能性の高い職業に就く人が減る一方で，AI を導入・運用する職業や，AI の登場により新しく生まれる職業などに就く人が増加すると予想されています（総務省，2018）。

リア・モチベーションは，「キャリアインサイト（自分自身のキャリアについて明確な目標をもつことなど，どの程度現実的に考えているかということ）」「キャリアアイデンティティ（仕事上のキャリアが，自分自身にとってどの程度重要であるのかということ）」「キャリアレジリエンス（環境の変化に適応し，自分にとって望ましくない仕事状況に対処する能力をどの程度もっているかということ）」の 3 つの要素から構成されます（London, 1983; Noe et al., 1990）。つまり，自分自身の将来のありたい姿（理想の姿）を描き，与えられた仕事の意義（意味）を見出し，環境変化に適応していく力を向上させようと意識することが，キャリアを形成していくモチベーションの向上につながります。

キャリア・モチベーションの中でも，特に「キャリアレジリエンス」の概念は，「激しい環境変化の中で危機を克服して自らキャリアを形成する原動力」としてとらえられ，近年人材開発やキャリア教育の分野において注目されています。レジリエンスの語源は，「跳ね返る」「弾力性」といった現象に由来します。したがってレジリエンスとは，困難な状況からの回復力や，変化に適応する弾力性を意味します。キャリアレジリエンスの構成要素については，資源の活用，自律性，楽観性，問題解決や対人関係スキルなどさまざまなとらえ方があります。たとえば，児玉（2015, 2017）は，図 14.2 に示すようにキャリア

キャリアレジリエンス測定尺度の項目例

問題対応力	周囲の変化に柔軟に対応できる方である 困ったことがあったら周りの人に援助を求めることができる
新奇・多様性	新しいことを学ぶ意欲をもっている 色々なことを知りたいと思っている
未来志向	自分の将来に希望をもっている 自分の将来にはきっといいことがあると思う
ソーシャルスキル	自分から人と親しくなることが得意である 相手に自分の感情を素直に表せる
援助志向	思いやりを持って人と接している 他人に対して親切な方である

図 14.2　**大学生のキャリアレジリエンスの構成要素**（児玉，2017 をもとに作成）

レジリエンスを「問題対応力」「新奇・多様性」「未来志向」「ソーシャルスキル」「援助志向」の 5 つの要素でとらえ，キャリア教育の指標として，大学生用のキャリアレジリエンス測定尺度[6] を開発しています。これらのキャリアレジリエンスの要素に着目し，心理的な特性や態度を高めていくことが，困難を克服してキャリアを構築していくモチベーションを高めると考えられます。

14.4　自己成長主導性

「**自己成長主導性**[7]（Personal Growth Initiative; PGI）」とは，自分の人生を良いものにするために，自己成長に向けて主体的，積極的，計画的に行動していこうとする，自己成長や変化への動機づけ（モチベーション）です。自己成長主導性には，主体的に自己成長できると感じる自己効力感，積極的に自己成長する関与の意識，自己成長のための準備に関する知識，自己成長に対する自己評定，自己成長のための機会の探索，自己成長のための計画性などの概念が含まれています。表 14.1 に示すように，4 つの因子「積極的な行動」「変化への

表 14.1　自己成長主導性の構成要素（德吉・岩崎，2014 をもとに作成）

因子	内容
積極的な行動	「自分を向上させようと積極的に取り組む」など，自己成長のための積極的な行動に関すること。
変化への準備	「自分自身における特定の事について，変える時がいつかを知っている」など，変化への準備に関すること。
資源の活用	「自分自身を変えようとするとき，積極的に支援を探し求める」など，自分が利用可能な資源を活用する行動に関連すること。
計画性	「自分自身を変えるために実現可能な目標をどのように設定するかを知っている」など，目標設定や計画に関わること。

---

[6] 児玉（2015，2017）は，キャリアレジリエンスを「キャリア形成を脅かすリスクに直面した時，それに対処してキャリア形成を促す働きをする心理的特性」と定義しています。

[7] 自己成長主導性とは，「積極的で計画的な自己成長過程への関与を示す概念」（Robitschek, 1998）と定義されます。

準備」「資源の活用」「計画性」から構成されます（徳吉・岩崎，2014）。

　これまでの研究から，自己成長主導性が**キャリア探索行動**（自分自身や仕事，職業，組織について情報を収集し理解を深める行動）や**職業的アイデンティティ**（職業における自分らしさの感覚）の確立を促すことが明らかにされています（Robitschek & Cook, 1999）。「自分を成長させてこのような生き方，働き方をしたい」という，自分の成長を自らが期待し願う気持ちが，キャリアを形成していくエネルギーになると考えられます。

　それでは，どのようなことが自己成長主導性を高めることにつながっていくのでしょうか。最近の研究では，失敗経験（目的の達成ができない，望ましくない結果が生じること）をしてしまったときに，その失敗をどのようにとらえるかという「**失敗観**」が自己成長主導性に影響することが示されています。私たちが日常的に体験する失敗経験は，モチベーション低下の危険性を含む一方で，自己の学習や成長につながる可能性もあります。失敗観は，鈴木ら（2015）の研究によると，**表 14.2** に示すように①失敗からの学習可能性，②失敗のネガティブ感情価，③失敗回避欲求，④失敗の発生可能性，の 4 因子から構成されます。失敗観と自己成長主導性の関係性を検討した結果，「失敗からのネガティブ感情価」は自己成長主導性に負の影響を及ぼし，「失敗からの学習可能性」は自己成長主導性に正の影響を及ぼすことが明らかになりました。「失敗とは取り返しのつかないことだ／失敗すると自分を否定してしまう」などのよ

表 14.2　**失敗観の構成要素**（鈴木ら，2015 をもとに作成）

失敗観	内容（項目例）
①失敗からの学習可能性	失敗とは前に進むための原動力である 失敗することで成長が促される 失敗とは，新しい自分を発見する機会である
②失敗のネガティブ感情価	失敗とは取り返しのつかないことだ 失敗すると自分を否定してしまう
③失敗回避欲求	失敗とはあってはならないことだ 失敗とは決して許されないことだ
④失敗の発生可能性	失敗は日常茶飯事だ 失敗とはよくあることだ

コラム 14.1　大学生の「やりたいこと志向」と自己成長のためのモチベーション

「やりたいこと志向」とは，やりたいことや好きなことを仕事に結びつける考え方です（安達，2008）。やりたいこと志向は，自己実現の動機であると考える研究がある一方で，やりたいことへのこだわりに基づいて「キャリア探索」することが，自己中心的な考え方を強め，社会の視点に立ち社会の必要性に応えるという視点を軽視することになり，実際の就職活動への移行や進路選択を困難にするということが指摘されています。

石橋ら（2019）は，大学生の「やりたいこと志向」にはプラス面とマイナス面があることを明らかにしました。この研究では，まず，大学生の「やりたいこと志向」が，①仕事や職業選択について好きな事にこだわりたい「仕事やりたいこと志向」と，②自己の生活全般や人生において，自由に好きな事をしていきたい「人生やりたいこと志向」の 2 因子構造であることを見出しました。次いで，「人生やりたいこと志向」と「仕事やりたいこと志向」が自己成長主導性とキャリア探索にどのような影響を及ぼすのかを分析しました（図 14.3）。

研究結果から，①「仕事やりたいこと」（将来は好きな事を仕事にしたい，やりたい仕事にとことんこだわりを持ちたいなど，仕事や職業へのこだわり）は，自己成長主導性に正の影響を及ぼし，キャリア探索行動を促進することが示されました。一方，②「人生やりたいこと志向」（あまり拘束されず自由な生活をおくりたい，自分の人生なのだから，好きにやった方がいいと思うなど，自分の生活全般や人生でしたいことのみをする傾向）は，自己成長主導性とキャリア探索に負の影響を及ぼし，キャリア探索を抑制することが示されました。つまり「やりたいこと志向」の中でも，仕事や職業選択をするプロセスにおいて，自分が「好きな事・やりたいこと」にこだわることは有益であるといえます。しかし，自分がやりたいことだけをしていきたい「人生やりたいこと志向」は，自分の将来に向けたキャリア探索も，したくなければやらないことにつながり，キャリア発達を妨げる可能性があるので，注意が必要です。自己成長やキャリア形成へのモチベーションを高めるには，自分がやりたい仕事に目を向けることと，人生において自分がやりたいこと以外の課題

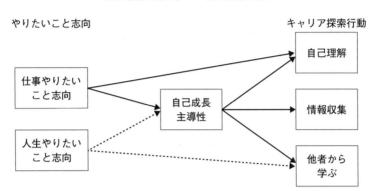

:正の影響を示す／┈┈▶負の影響を示す

(注) 大学生のキャリア探索行動 (安達, 2010)
- 自己理解:自分の長所や短所について考えてみる, これからの自分の生き方について想像してみる等
- 情報収集:興味のある仕事に就くにはどのように活動すれば良いのか調べる, 興味がある仕事で必要とされる知識や資格について調べる等
- 他者から学ぶ:社会人から仕事や働くことについて話を聴く, 将来の仕事について友人や先輩, 家族などから話を聴く等

図 14.3　やりたいこと志向と自己成長主導性およびキャリア探索におけるモデル
(石橋ら, 2019 をもとに作成)

にも取り組む姿勢や, 好きなこと以外のことも受け入れる柔軟性を獲得することが大切だといえます。

うに失敗をネガティブな感情を引き起こすものだととらえることは, 自己成長へのモチベーションを低下させます。しかし「失敗とは前に進むための原動力である」「失敗することで成長が促される」「失敗とは, 新しい自分を発見する機会である」のように失敗を学習する機会だととらえることは, 自己成長へのモチベーションを向上させる可能性があると考えられます。

　日常生活には失敗の危険が潜んでいますし, 何かに挑戦するときには失敗のリスクがあります。しかしながら「失敗は成長のもと」といわれるように, 失敗経験をしても, それを自己の学習や成長につなげるという姿勢が, 失敗経験を乗り越えて自己を成長させていくモチベーションにもつながるといえます。

14.5 グリット

　グリット（GRIT）は Guts（根性や度胸），Resilience（回復力），Initiative（自発性），Tenacity（粘り強さ）の4つの英単語の頭文字をつなげて作られた造語です。ダックワース（Duckworth et al., 2007）によって提唱された概念であり，「長期目標を達成するための情熱と粘り強さ」と定義されます。換言すればグリットは，長期的な目標達成に向けて，困難や挫折をも乗り越える力のことを示し，仕事や人生の成功を導く長期的なモチベーションに関連する概念です。学業，スポーツ，ビジネスの世界で素晴らしいパフォーマンスを出せる人，偉業を成し遂げられる人は，グリットが高いという共通点があります。

　グリットの構成要素は，①同じ目標に対して長きにわたり努力する「興味の一貫性」と，②目標に対して努力し続ける「粘り強さ」の2因子で構成されます（図14.4）。グリット尺度（Duckworth et al., 2007）が開発され，**日本語版グリット尺度**[8]（竹橋ら，2019）も作成されています（表14.3）。

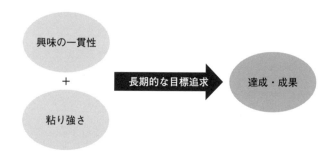

図14.4　グリットを構成する2因子と長期的な目標追求・達成の関連

---

[8]　グリット尺度は，卓越した業績をあげる人や長期的目標を放棄した人を調べて見つけることを目的としているため，自己評価のための比較基準として「世の中の多数の人」を念頭におかせることが重要だとされます。したがって教示文には「回答する時にはあなたが多数と比べてどのようであるかについて考えてください。比較する対象は，あなたのよく知っている人達ではなく，世の中の多数の人々です。回答に正解や間違いはありませんので，思った通り正直に回答してください。」と示されています。このような尺度を用いた有効な育成方法はどのようなものか，明らか

表14.3　**日本語版グリット尺度の質問項目** (竹橋ら，2019をもとに作成)

興味の一貫性	粘り強さ
• 新しいアイディアや計画によって，それまで取り組んでいたことから注意がそれることがある • あるアイディアや計画に一時的に夢中になっても，あとで興味を失うことがある • 数か月以上かかるような計画に集中して取り組み続けることは難しい • 私の興味は年々変わる • 目標を決めても，後から変えてしまうことがよくある • 数か月ごとに新しい活動への興味がわいてくる	• 私は精魂傾けてものごとに取り組む • 重要な試練に打ち勝つため，困難を乗り越えてきた • 数年にわたる努力を要する目標を達成したことがある • 私は頑張り屋だ • 始めたことは，どんなことでも最後までやりとげる • 困難があっても，私はやる気を失わない

※「興味の一貫性」に含まれる項目は逆転項目。全12項目から構成される。

　グリットの高い人は低い人に比べて，目の前の目標に専念しやすく，高水準の努力をし続けることができるという特徴をもちます。グリットの高い人は低い人よりも職業や職種を変更する回数が少なく，学歴が高く，大学の成績も上位であることが報告されています[9]。

　ここで重要なことは，グリットは生まれつきの資質（知能・性格）などではなく，動機づけや自制心によって後天的に伸ばすことができると考えられていることです。ダックワース（Duckworth, 2016 神崎訳 2016）によると，グリットを育むためには次の4つが重要だと考えられています。

①興　　味

　他の人がつまらないと感じるようことにも興味をもち楽しむこと。

②練　　習

　より高い目標を常に設定し，それを達成するプロセスを粘り強く継続するこ

にされることが望まれます。

[9] グリットが高い人は，低い人よりもスペリング・コンテストの順位が高いことなどが報告されています（Duckworth et al., 2007）。日本においても，教員養成大学の学生において，グリットが高い学生のほうが教員採用試験の2次試験に合格し，採用されやすいことなどが報告されています（竹橋，2019）。

と。

③目　　　的

目的を見出し，他の人の役に立っていることを認識すること。

④希　　　望

困難に直面しても「もう一度立ち上がれる」という希望を失わないこと。

人生や仕事において，長期的な目標達成を実現する情熱をもち続け，日々粘り強く努力することは必ずしも容易ではありません。まずは，上記4つ「興味，練習，目的，希望」をヒントに「自ら」グリットを高めようと意識することが大切ではないでしょうか。

● **さらに学びたい人のための推薦図書**

ダックワース，A.　神崎 朗子（訳）（2016）．やり抜く力──人生のあらゆる成功を
　　　決める「究極の能力」を身につける──　ダイヤモンド社

金井 壽宏（2002）．働くひとのためのキャリア・デザイン　PHP研究所

二村 英幸（2015）．個と組織を生かすキャリア発達の心理学──自律支援の人材マ
　　　ネジメント論──　改訂増補版　金子書房

ポジティブ心理学の潮流とモチベーション

■**学びのテーマ**

　この章では，最近の心理学の潮流であるポジティブ心理学の概要を知り，ポジティブ心理学で扱われる要因の中から，楽観的思考とモチベーションの関係について学びます。

15.1　ポジティブ心理学

15.1.1　ポジティブ心理学の提唱

　夏の盛りの田舎道を歩いています。目的の場所まではまだだいぶありますが，辺りには店も自販機もなく，持っているペットボトルの水も半分くらいです。このときに「残りの水はあと半分しかない」と心配する人もいれば，「まだ半分もある」と気にしない人もいます。日常でも，いつも最悪のことばかり考えている人もいれば，今日失敗しても明日はきっと良くなる，と楽観的に考える人もいます。

　水はあと半分しか残っていないと心配することも，いつも悪い事態を想定することも，もちろんどちらも悪いことではありません。それは失敗を避ける慎重な行動につながるかもしれません。けれども，いつも心配や恐れに支配される人生では，心も萎縮してしまい，行動へのモチベーションも低下してしまいます。恐れや心配が，人のもつ弱い面だとすれば，それは必ずしも否定されるものではありませんが，弱さだけでなく，明日の活力につながるポジティブな面，強さという点にも目を向けてよいはずです。それはモチベーションの促進にも役立つはずです。セリグマン（Seligman, M. E. P.）は，人がもつ強みや優

れた面に着目し，人生を肯定する健康な生き方についての研究が必要であると
考え，**ポジティブ心理学**（positive psychology）を提唱しました。

　この章の前半では，ポジティブ心理学の概要を紹介します。後半では，ポジ
ティブ心理学の研究対象でもある楽観的思考を取り上げ，ポジティブに思考す
ることが仕事へのモチベーションを促進することを，著者らが行った実証的研
究からみていくことにします。

15.1.2　ポジティブ心理学とは

　セリグマンは，1998 年にアメリカ心理学会（American Psychological Associ-
ation; APA）の会長に就任しましたが，就任講演の中で，従来の心理学とは異
なる新しい心理学の方向性を提唱しました（Seligman, 1998）。

　セリグマンによれば，第 2 次世界大戦までの心理学では，①精神的な不調の
改善を目指すこと，②すべての人々の人生をより充実したものにすること，③
高い才能を見分け養成すること，の 3 つを大きな目的に掲げていました。しか
し，戦後になると②と③は置き去りにされ，もっぱら人のもつ弱さの側面に焦
点をあて，傷つきやすく弱い人間をサポートすること，そして精神的な不調を
取り除くことという，①の目的に主眼がおかれるようになりました。

　けれども，人はもともと周囲の環境に対して積極的に働きかけていくことの
できる，能動的で健康な存在でもあります。そうした，人がもつポジティブな
側面を重視し，それを**強み**（strength）として意識することで，人生に対する
積極的な姿勢を引き出すことが，これからの心理学では強く求められる，その
流れがポジティブ心理学であるというのが，セリグマンの主張です。

　ポジティブ心理学の定義について，セリグマン（Seligman, 1998）とスナイ
ダーとロペス（Snyder & Lopez, 2007）のものを紹介しておきます（**表 15.1**）。

　このように，これからの心理学が何を目指していくことが大切であるかを示
すという点で，ポジティブ心理学は，特定の研究領域や理論の名称ではなく，
心理学の新しい方向を目指す一つの運動（movement）であると位置づけられ
ています。人のもつポジティブな側面（善であること）に注目した研究は過去
にもありましたが，セリグマンによればポジティブ心理学では，人は本来的に

表 15.1 ポジティブ心理学の定義例

> ひとりひとりの最も建設的な特質である，楽観性，勇気，職業倫理，未来志向性，対人スキル，喜びと洞察の能力，社会的責任などがどういうものであるかを理解し育成することを重視する，新しい方向を目指す科学である。 (Seligman, 1998; 島井, 2006)
>
> 「人にとってよいことは何か」という疑問に答えるべく，「人間のもつよいところ（strength）」を明らかにし，ポジティブな機能を促進していくための科学的・応用的アプローチである。 (Snyder & Lopez, 2007)

善悪の両面をもつととらえていること，実証的なデータやその応用を重視するという点に特徴があります（堀毛，2010）。

15.1.3　ポジティブ心理学の 3 つの柱

　ポジティブ心理学には，「ポジティブな経験」「ポジティブな個人特性」「ポジティブな制度」という，3 つの大きな柱があります。わが国における代表的なポジティブ心理学研究者である堀毛は，これらの柱を中心とする研究に基づき，ポジティブ心理学の研究領域を 4 つに分けて解説しています（堀毛，2010）。以下，堀毛の解説に沿ってその概要を紹介します。

　第 1 は，ポジティブな感情や主観的経験に関する領域です。快感情を中心に，喜びや興奮，熱狂，安堵，平穏などの感情，またフロー体験（第 6 章参照）も，この領域の研究に含まれます。後ほど紹介しますが，ウェル・ビーイングも，ポジティブな主観的経験として多くの研究が展開されています。

　第 2 は，ポジティブな個人特性や認知に関する領域です。こうした特性や認知は，人にとっての強み（strength）であり，強みを積極的に意識することが，人生に対するポジティブな姿勢につながるとされます。勇気や正義，人間性，愛し愛される力などは，人にとっての強みとなる特性と考えられます。

　第 3 は，ポジティブな対人関係に関する領域です。親密でポジティブな対人関係を構築することに関しては，多くの理論と研究が蓄積されており，その形成過程や，逆に破綻・崩壊する過程など，わが国でも盛んに研究が行われています。

　第 4 は，研究の応用的側面であり，ポジティブな学校，ポジティブな職場な

ど，ポジティブ心理学を実際の機構や制度の中にどのように取り込み，より良いコミュニティを育成していくかということへの関心です。第 1 から第 3 の領域を現実の場や制度の中にどのように応用していくかということになり，この領域についても多くの有用な研究が生まれています。

15.1.4　ウェル・ビーイング

　ポジティブ心理学における重要な概念に，ウェル・ビーイングがあります。これは本人が感じる感情であるところから，**主観的ウェル・ビーイング**（subjective well-being; SWB）ともよばれます。大坊は，SWB を「感情が安定し，安心できること，特定の活動に限定されない柔軟さ，さらに開拓可能な心の余裕，新たに何かを吸収できる余地のあること，社会との関連で自己の機能が充実し，価値を追究できることなど，心のポジティブさを増す心理性」であると説明しています（大坊，2010）。字義通りにとらえれば，ウェル・ビーイングは「良く（善く）在ること」となります。日本語では「心理的安寧」と訳されることもありますが，通常はそのままウェル・ビーイングあるいは SWB が用いられています（以下では SWB と表します）。

　SWB は**幸福感**（happiness）とも近似した概念であり，両者を厳密に区別せずに用いることも多くみられます。けれども，セリグマン（Seligman, 2011）によれば両者は別々の概念であり，「幸福感は生活の満足につながるものであるが，ウェル・ビーイングはより包括的で，成長につながる，ポジティブな感情，関与，意味をもち，好ましい関係，さまざまな適応的な成果をもたらす概念である」（大坊，2012）とされます。また，幸福感研究に先鞭をつけたディーナー（Diener, E.）は，SWB を，人生がうまくいっているとする考え方や感じ方であり，幸福感とは，気分の良さであるとか，満足していること，SWB の原因まで，さまざまなものを意味するものであるとしています。つまり，SWB とは科学者が幸福感に与えた名称であり，幸福感は SWB についての一般的な名称ということになります。

　ディーナーは，人生における満足の高さを測る尺度として「**人生満足尺度**（Satisfaction with Life Scale; SWLS）」を開発しました。この尺度は 5 つの質問

からなり，それぞれについて7段階尺度（まったくあてはまらない～非常によくあてはまる）で答えてもらうものです。したがって，得点は7～35点をとることになります。大石によれば，日本の大学生では平均が18～22点，アメリカの大学生では23～26点あたりに付置するとのことです（大石，2009）。

15.2 ポジティブに考えることの効用

15.2.1 楽観的思考と悲観的思考[1]

楽観主義（optimism）とは，起こった出来事をポジティブにとらえる傾向や，ポジティブな結果を期待する信念を意味し，ポジティブ心理学の研究対象でもあります。シェイアーとカーバー（Sheier & Carver, 1985）は，楽観主義を「物事がうまく進み，悪い出来事よりも良い出来事が起こるという信念」と定義しています。楽観主義は幸福感との相関が高い（Lucas et al., 1996）という研究もあります。

セリグマンとシャルマン（Seligman & Shulman, 1986）は，楽観的思考傾向と仕事業績の関係を調べています。セリグマンらは，生命保険営業員を対象に，自分に起きた物事をどのようにとらえるか，説明スタイルの違いを**帰属スタイル質問紙**（Attributional Style Questionnaire; ASQ）を用いて測定しました。その結果は，楽観的思考傾向の強い営業員では，悲観的思考傾向の強い営業員に比べて，1年目の成績が1.3倍，2年目では2.3倍高い結果となりました（図15.1）。また，入社2年まで在職した者と，それまでに離職した者を比較すると，前者では67％が楽観的思考傾向をもっていましたが，後者では59％が悲観的思考傾向を強くもっていました。ここからは，楽観的思考傾向が強いか悲観的思考傾向が強いかによって，営業成績と離職傾向に違いのあることが明らかになりました。

角山ら（2010）は，セリグマンたちの研究が日本でもあてはまるかどうかに関心をもち，国内生命保険会社の女性営業員372人（平均年齢47.4歳，平均

---

[1] 以下では楽観（悲観）主義，楽観（悲観）的思考，楽観（悲観）主義的思考傾向という表現が出てきますが，すべて同じ意味で使われています。

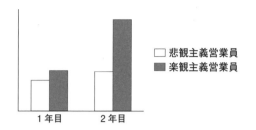

図 15.1　**説明スタイルの違いと販売成績**（Seligman & Shulman, 1986）

【楽観的思考の例】

営業に成功した	営業に失敗した
• 自分が努力したからだ （自分に原因） • 次もうまくいくだろう （今後も続く） • セールス以外でもうまくやれるだろう （他にも及ぶ）	• ついてなかったからだ （原因は自分ではない） • 次はうまくいくだろう （失敗は一時的） • この失敗が他に及ぶことはない （他には及ばない）

【悲観的思考の例】

営業に成功した	営業に失敗した
• 上司の助けがあったから （原因は自分ではない） • 次はおぼつかない （成功は一時的） • 他のことはこんなにうまくいかないだろう （他に及ぶことはない）	• 自分の力が未熟だった （原因は自分にある） • 次もまたダメだろう （失敗は続く） • 何をやってもうまくいきそうにない （他にも及ぶ）

図 15.2　**楽観的思考と悲観的思考の例**

勤続年数 9.6 年）を対象に同様の調査を行いました。この調査では，12 項目の質問（よい出来事 6 項目，悪い出来事 6 項目）について，それぞれ①原因の所在（自分の側にある／他者や外部にある），②原因の安定性（永続的／一時的），③影響の広がり（広範囲／限定的）について評定してもらい，その合計点をもとに，対象者を楽観的思考傾向が強いか悲観的思考傾向が強いかに分けました（図 15.2）。

　調査後 3 カ月間の契約成立件数（挙績件数）と新規契約高を販売成績指標と

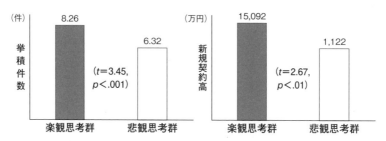

図 15.3 楽観的思考群と悲観的思考群の成績の差 （角山ら，2010）

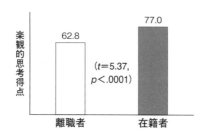

図 15.4 悪い出来事に対する楽観的思考の比較 （角山ら，2010）

して両群を比較したところ，2 つの成績指標共に，楽観的思考群のほうが悲観的思考群よりも高い成績を示し，その差は統計的に有意なものでした（図 15.3）。

また，在職 3 年未満の営業員 141 人について，調査実施後に離職した者と継続して在職している者を比較したところ，離職者では悪い出来事に対する楽観的思考が在職者よりも弱く，その差は統計的にも有意なものでした（図 15.4）。この結果は生命保険営業員という仕事についてのものですが，起こり得る悪い出来事に対して楽観的に対処できない場合には離職しやすいということがいえそうです。

15.2.2　良かったことを 3 つ思い出す

前項では楽観主義は幸福感との相関が高いというルーカスらの研究を紹介し

ましたが，幸福感を高めるには何か方法があるのでしょうか。セリグマンら（Seligman et al., 2005）は，実際に行動に介入することで幸福感を高める実験的研究を行っています。この介入実験の中で，その日に体験した良いことを3つ思い出すというエクササイズが効果をもつことを明らかにしています。これは，どんな小さなことでもよいので，その日に自分が良かったと思えた体験を3つ思い出し，その出来事と良かったと思えた理由を書き留めるというものです。セリグマンらの研究では，このエクササイズを続けることで抑うつ感が減少し，幸福感が強まる効果がみられ，その効果は半年後も持続しました。

　先に紹介した角山ら（2010）の調査でも，対象者の中から任意の協力者49人について同様の介入実験を行いました。協力者には1日ごとに3つの枠が設けられた記録用紙を渡し，一日の終わりに「きょう一日，仕事の中であったうれしかったこと，よい気分になれたことなど，よかったと思える出来事を3つ思い出して下さい。その3つのことを以下の枠の中に書いて，その理由も簡単に書いて下さい」という指示を与えて，これを10日間続けてもらいました。

　協力者には，仕事への肯定的な関わりを示す項目4項目，否定的な関わりを示す項目6項目からなる仕事コミットメント尺度に回答してもらいましたが，介入前と介入後の得点を比較したところ，49人中30人で介入後の得点が高くなっており，仕事コミットメントが高まったことがうかがわれました。また，この49人を楽観的思考傾向と悲観的思考傾向の強さで分けて比較したところ，悲観的思考傾向の強い群で，介入前よりも介入後のほうが仕事コミットメントの高まりがみられ，介入前後の差は統計的にも有意でした。このように，良かったと思えることを毎日3つ思い出すという簡単なエクササイズが，日本人を対象にした場合も幸福感の増進に効果をもつことが明らかになりました。

15.2.3　楽観主義と悲観主義の関係

　楽観主義的思考傾向と悲観主義的思考傾向は，一般的には対立する概念，すなわち一本の軸の両極に位置する概念として理解されることが多いと思います（図15.5）。

　けれども，人はどんなときでも楽観主義あるいは悲観主義的な思考しかしな

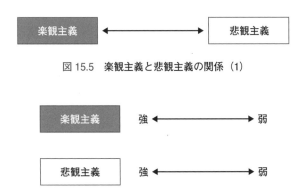

図 15.5　楽観主義と悲観主義の関係（1）

図 15.6　楽観主義と悲観主義の関係（2）

いかといえば，必ずしもそうではありません。あるときには楽観主義的傾向が強い人も，別の場面や状況では悲観主義から逃れられなくなることもあります。すなわち，人は楽観主義的思考傾向と悲観主義的思考傾向の両者を有しており，それぞれの傾向は独立して測定することができるという考え方です（図 15.6）。

　どちらの考えがより妥当性があるかについては，今のところ結論は出ていません。両者が独立している傾向は，西洋文化よりも東洋文化において強くみられるという研究もあり，文化的な違いが影響している可能性も指摘されています（外山，2010）。

　角山ら（2011）は，両者が独立の次元として機能するか検討することを目的に，先に紹介した生命保険会社営業員のデータを使って分析を行いました。帰属スタイル質問紙への回答をもとに，楽観的思考傾向の高低，悲観的思考傾向の高低を組み合わせて 4 つの群を作り，販売成績に及ぼす影響を比較してみました。結果は，「高楽観的思考・低悲観的思考」群の販売成績がもっとも高く，「低楽観的思考・高悲観的思考」群の成績がもっとも低い値を示しました。「高楽観的思考・高悲観的思考」群と「低楽観的思考・低悲観的思考」群の成績はその中間でした。

　中間の成績を示した 2 群について考えてみると，まず「高楽観的思考・高悲観的思考」群では，楽観的思考の強さが悲観的思考の強さに打ち消された可能性が考えられます。また「低楽観的思考・低悲観的思考」群では，楽観的思考

の弱さは成績低下を招くものの，それを悲観的思考の弱さが打ち消した可能性があります。この 2 群の結果からは，一方の思考傾向が他方の思考傾向の特徴を打ち消す（中和する）効果をもっていることが推測されます。この結果だけで断定することはできませんが，楽観主義的傾向と悲観主義的傾向を，連続体の両端としてとらえるのではなく，それぞれ独立した軸で考えることもできそうです。

15.3　ポジティブ心理学研究の広がり

15.3.1　ウェル・ビーイングと仕事意欲

　セリグマンが 1998 年に提唱して以来，ポジティブ心理学は心理学の広い領域に急速に広がり，関連する膨大な研究が生まれています。早くも 2002 年には，スナイダーとロペスによってポジティブ心理学ハンドブックが刊行され，2009 年には第 2 版，2020 年には第 3 版が刊行されています。第 3 版は全 68 章で構成され，社会，臨床，パーソナリティ，カウンセリング，健康，学校，発達心理学などの分野，職場や制度，法律や政策といった応用的な分野，さらには生物学や神経科学の分野からのアプローチも含まれています。20 年ほどで心理学や周辺分野に急速な勢いで広がったことがみてとれますが，この勢いは衰えをみせておらず，今後さらに多岐にわたる分野で研究が蓄積されていくことが予想されます。わが国でも多くの研究が行われており，翻訳書の他に専門書も多く出版されています（たとえば島井，2006，2009; 堀毛，2019 など）。また国内のいくつもの心理学の学会で，ポジティブ心理学，ウェル・ビーイングに関するシンポジウムやワークショップが開催されるなど，関心の高さがうかがわれます。ここでは，筆者らが行ったウェル・ビーイングと仕事意欲に関する調査研究を紹介することにします。

　働くということは，単に経済的な報酬を得る手段としてだけではなく，仕事を通じての自己の能力・スキルの向上やキャリア発達への意識，社会の中での他者とのつながり，さまざまな人間関係の構築など，人生において重要な役割をもっています。もちろん，仕事満足や，仕事生活と家庭生活とのバランス

（ワーク・ライフ・バランス）も大切です。こうしたことは、まさにウェル・ビーイングにつながる問題であり、働くこと（勤労）を通してのウェル・ビーイングの探究は、組織心理学にとっても重要な課題となります。

そうした問題意識をもとに、大坊・角山（2016, 2018）は、全国から抽出した勤労成人900人（男性542人、女性358人）を対象としたウェブ調査で、ウェル・ビーイングと仕事関連意欲の関係を探りました。仕事への意欲は32項目からなる尺度（角山ら、2015）をもとに測定し、因子分析手法によって4つの因子（仕事への無気力、身体的不調、向上意欲、自己卑下）が抽出されました。同時に測定したディーナーによる人生満足尺度（SWLS）との関連では、仕事への無気力、自己卑下の意識が、人生満足への志向性と強い負の関係を示しました。

この調査では、他にもさまざまな指標を用いてウェル・ビーイングと仕事意欲の関連を探っていますが、ここでは転職の有無についての関連を紹介します。

ウェル・ビーイングが転職に及ぼす影響については、女性よりも男性のほうが、転職が心理的な幸福感の低下に影響していること、転職回数が少ないほどウェル・ビーイングに関する得点が高いことが見出されました。また、人生の価値観10項目（名誉、仕事・勉学、快楽、自己実現、金銭、愛、健康、社会貢献、飲食、生きがい）について、重要と思うものから順位をつけてもらいましたが、転職経験者では、仕事・勉学を重視するのに対して、転職未経験者では愛を重視する傾向がみられました。前者では社会的責任や義務を、後者では心理的な充実に価値をおいているとみることができます。

この調査の中では、楽観的思考傾向・悲観的思考傾向の影響についても探りました。関連する質問に協力してくれた回答者180人（男性88人、女性92人）について、測定した各種の変数との関連を調べたところ、楽観的思考傾向の強い者は転職回数も有意に多い傾向がみられました。また、楽観的思考傾向の強さは、仕事への無気力、自己卑下とは有意な負の関係、向上意欲とは有意な正の関係が認められました。これに対して、悲観的思考傾向の強さは仕事への無気力と有意な正の関係がありました（角山・大坊、2016）。

コラム 15.1　フロー体験とウェル・ビーイング

　第 6 章で紹介している「フロー体験」も，ポジティブ心理学の中では重要な概念の一つです。フロー体験は，内発的モチベーションが喚起する活動の最たるものであり，フロー体験によってもたらされる楽しさや充実感は，生産的活動への参加意欲や学習意欲，創造性などを刺激し，ウェル・ビーイングを高めます。

　フローを体験するには，もてる能力を全開にして行為に集中することが必要であり，手を抜いたり楽をしようとする取組み方では，フロー状態にたどり着くことはできません。また，一度フローを体験すると，次にはそれよりもさらにレベルの高い活動でないとフローは生まれません。言い方を変えれば，フロー体験は人を高みに引き上げるものであり，ウェル・ビーイングにつながる重要な体験です。

　フロー体験を通じて喜びや充実感を得ることで，人は自らの意思でさらに能力やスキルを高めようとします。それはまさに内発的モチベーションから生まれるものであり，フローを体験することは人の健全な成長にとっても大きな契機になるものということができます。

15.3.2　研究の広がり

　ポジティブ心理学という潮流に対しては，たとえば，研究が個人に焦点をあてすぎている，応用や実践が科学的な基盤から逸脱している，ポジティブな側面に焦点をあてるあまりにネガティブな側面を無視しているという批判もあります。しかしポジティブ心理学の流れが急速に拡大している中では，そうした批判を正したり，批判に耐え得る研究も多く出てきています。

　また，組織の中では，個人がもつ強みを仕事の中で生かしていくことや，職場で良好な対人関係を形成していくことは，仕事を通じたウェル・ビーイングの充実にとっても重要な視点です。人事評価の中で行われてきている，失敗や未達に視点をおく減点評価ではなく，たとえ目標に届かなくても段階的な成功を認める加点評価などは，仕事へのモチベーションを促進し，ウェル・ビーイングを高めることにもつながります。

　先に紹介した通り，ポジティブ心理学の主張に基づく研究領域は急速に拡大

しています。本章ではほんのわずかしか紹介できませんでしたが，組織場面で
も，ウェル・ビーイングを目指すポジティブ心理学の視点からの研究は，すで
に多く蓄積されています。仕事を通して得られる安心感や心理的な充足感，幸
福感などの変数を組み込むことで，ポジティブ心理学の視点から組織行動をと
らえていくことも，ワーク・モチベーション研究の枠からだけでなく，組織心
理学の発展にとって有効な道筋の一つといえるでしょう。

● さらに学びたい人のための推薦図書

堀毛 一也（2019）．ポジティブなこころの科学——人と社会のよりよい関わりをめ
　　ざして——　サイエンス社

セリグマン，M. E. P. 宇野 カオリ（監訳）（2014）．ポジティブ心理学の挑戦
　　——"幸福"から"持続的幸福"へ——　ディスカヴァー・トゥエンティワン

大石 繁宏（2009）．幸せを科学する——心理学からわかったこと——　新曜社

引用文献

第1章

Atkinson, J. W.（1958）. Toward experimental analysis of human motivation in terms of motives, expectancies, and incentives. In J. W. Atkinson（Ed.）, *Motives in fantasy, action, and society: A method of assessment and study.* Van Nostrand.

Cannon, W.（1932）. *The wisdom of the body.* New York: W. W. Norton.

（キャノン，W. D. 舘 鄰・舘 澄江（訳）（1981）. からだの知恵──この不思議なはたらき── 講談社）

Dunnette, M. D., & Kirchner, W. R.（1965）. *Psychology applied to industry.* Appleton-Century Crofts.

Hilgard, E. R., & Atkinson, R. C.（1967）. *Introduction to psychology*（4th ed.）. New York: Harcourt.

Jones, M. R.（1955）. *Nebraska Symposium on Motivation: 1955.* Lincoln, NE: University of Nebraska Press.

金井 壽宏（2006）. 働くみんなのモティベーション論　NTT 出版

Latham, G. P.（2007）. *Work motivation.* SAGE.

（レイサム，G. 金井 壽宏（監訳）依田 卓巳（訳）（2009）. ワーク・モティベーション　NTT 出版）

Lawler, E. E.（1971）. *Pay and organizational effectiveness: A psychological view.* New York: McGraw-Hill.

（ロウラー，E. E. 3世　安藤 瑞夫（訳）（1972）. 給与と組織効率　ダイヤモンド社）

Maier, N. R. F.（1955）. *Psychology in industry*（2nd ed.）. Boston, MA: Houghton Mifflin.

Pinder, C. C.（2008）. *Work motivation in organizational behavior*（2nd ed.）. Upper Saddle River, NJ: Prentice Hall.

Watson, J. B.（1913）. Psychology as the behaviorist views it. *Psychological Review, 20,* 158-177.

Watson, J. B.（1925）. *Behaviorism.* New York: W. W. Norton.

（ワトソン，J. B. 安田 一郎（訳）（1980）. 行動主義の心理学　改訂版　河出書房新社）

Woodworth, R. S.（1918）. *Dynamic psychology.* New York: Columbia University Press.

第2章

Locke, E. A., & Latham, G. P.（1984）. *Goal setting: A motivational technique that works.* Prentice Hall Direct.

　　（ロック，E. A.・ラザム，G. P. 松井 賚夫・角山 剛（訳）(1984). 目標が人を動かす
　　──効果的な意欲づけの技法── ダイヤモンド社)

Locke, E. A., & Latham, G. P. (1990). *A theory of goal setting and task performance.* Englewood
　　Cliffs, NJ: Prentice Hall.

Meyo, E. (1933). *The human problems of an industrial civilization.* Macmillan.
　　（メイヨー，E. 村本 栄一（訳）(1967). 産業文明における人間問題──ホーソン実験
　　とその展開── 日本能率協会)

Schein, E. H. (1980). *Organizational psychology* (3rd ed.). Englewood Cliffs, NJ: Prentice-Hall.
　　（シェイン，E. H. 松井 賚夫（訳）(1981). 組織心理学 岩波書店)

Taylor, F. W. (2006). *The principles of scientific management.* New York: Cosimo. (Original
　　work published 1912)
　　（テイラー，F. W. 有賀 裕子（訳）(2009). 新訳 科学的管理法──マネジメントの原
　　点── ダイヤモンド社)

第3章

Kanfer, R. (1991). Motivation theory and industrial and organizational psychology. In M. D.
　　Dunnette, & L. M. Hough (Eds.), *Handbook of industrial and organizational psychology.*
　　Vol.1 (2nd ed., pp.75-170). Palo Alto, CA: Consulting Psychologists Press.

Maslow, A. H. (1943). A theory of human motivation. *Psychological Review, 50,* 370-396.

Murray, E. J. (1964). *Motivation and emotion.* Englewood Cliffs, NJ: Prentice-Hall.

Murray, H. A. (1938). *Explorations in personality.* Oxford University Press.
　　（マァレー，H. A.（編）外林 大作（訳編）(1961-1962). パーソナリティ（Ⅰ・Ⅱ）
　　誠信書房)

Robbins, S. P. (2005). *Essentials of organizational behavior* (8th ed.). Upper Saddle River, NJ:
　　Prentice Hall.
　　（ロビンス，S. P. 髙木 晴夫（訳）(2009). 新版 組織行動のマネジメント──入門か
　　ら実践へ── ダイヤモンド社)

第4章

Alderfer, C. P. (1972). *Existence, relatedness, and growth: Human needs in organizational set-
　　tings.* New York: Free Press.

Argyris, C. (1957). *Personality and organization: The conflict between system and the indivisual.*
　　New York: Harper.
　　（アージリス，C. 伊吹山 太郎・中村 実（訳）(1970). 新訳 組織とパーソナリティ
　　──システムと個人との葛藤── 日本能率協会)

Atkinson, J. W. (1958). Toward experimental analysis of human motivation in terms of motives,
　　expectancies, and incentives. In J. W. Atkinson (Ed.), *Motives in fantasy, action, and soci-
　　ety: A method of assessment and study.* Van Nostrand.

Haslam, S. A., Powell, C., & Turner, J. C.（2000）. Social identity, self-categorization, and work motivation: Rethinking the contribution of the group to positive and sustainable organizational outcomes. *Applied Psychology: An International Review, 49,* 319-339.

Latham, G. P., & Pinder, C. C.（2005）. Work motivation theory and research at the dawn of the twenty-first century. *Annual Review of Psychology, 56,* 485-516.

McClelland, D. C.（1961）. *The achieving society.* Princeton, NJ: Van Nostrand.

　（マクレランド，D. C. 林 保（監訳）（1971）. 達成動機——企業と経済発展におよぼす影響—— 産業能率短期大学出版部）

McGregor, D.（1960）. *The human side of enterprise.* McGraw-Hill.

　（マクレガー，D. 高橋 達男（訳）（1970）. 新版　企業の人間的側面——統合と自己統制による経営—— 産業能率大学出版部）

第 5 章

安藤 瑞夫（1975）. 産業心理学　新曜社

Dunnette, M. D., Campbell, J. P., & Hakel, M. D.（1967）. Factors contributing to job satisfaction and job dissatisfaction in six occupational groups. *Organizational Behavior and Human Performance, 2,* 143-174.

Herzberg, F.（1966）. *Work and the nature of man.* Cleveland, OH: World Publishing.

　（ハーズバーグ，F. 北野 利信（訳）（1968）. 仕事と人間性——動機づけ—衛生理論の新展開—— 東洋経済新報社）

Herzberg, F., Mausner, B., & Snyderman, B. B.（1993）. *The motivation to work.* NJ: Transaction Publishers.（Original work published 1959）

　（ヘルツバーグ，F. ・マウスナー，B. ・スナイダーマン，B. B. 西川 一廉（訳）（1966）. 作業動機の心理学　日本安全衛生協会）

Lawler, E. E.（1971）. *Pay and organizational effectiveness: A psychological view.* New York: McGraw-Hill.

　（ロウラー，E. E. 3世　安藤 瑞夫（訳）（1972）. 給与と組織効率　ダイヤモンド社）

Locke, E. A.（1976）. The nature and causes of job satisfaction. In M. D. Dunnette（Ed.）, *Handbook of industrial and organizational psychology.* Rand McNally.

松井 賚夫・竹内 登規夫（1969）. Herzberg 理論への実証的批判（1・2）　日本応用心理学会第 36 回大会発表論集，50-51.

西田 耕三（1976）. ワーク・モチベーション研究——現状と課題—— 白桃書房

西川 一廉（1969）. 作業動機の研究——Hygiene theory について（1）—— 日本応用心理学会第 36 回大会発表論集，49.

西川 一廉（1984）. 職務満足の心理学的研究　勁草書房

角 隆司（1970）. Herzberg の M-H 理論に関する研究　日本心理学会第 34 回大会発表論文，1670.

Vroom, V. H.（1964）. *Work and motivation.* New York: Wiley.

（ヴルーム，V. H. 坂下 昭宣・榊原 清則・小松 陽一・城戸 康彰（訳）（1982）．仕事と
モティベーション 千倉書房）

第6章

de Charms, R.（1968）. *Personal causation: The internal affective determinants of behavior.* Academic Press.

Csikszentmihalyi, M.（2000）. *Beyond boredom and anxiety: Experience flow in work and play* (25th anniversary ed.). Jossey Bass.

（チクセントミハイ，M. 今村 浩明（訳）（2000）．楽しみの社会学 改題新装版 新思
索社）

Csikszentmihalyi, M.（1990）. *Flow: The psychology of optimal experience.* New York: Harper and Row.

（チクセントミハイ，M. 今村 浩明（訳）（1996）．フロー体験――喜びの現象学――
世界思想社）

Csikszentmihalyi, M.（2003）. *Good business: Leadership, flow and the making of meaning.* New York: Penguin Books.

（チクセントミハイ，M. 大森 弘（訳）（2008）．フロー体験とグッドビジネス――仕事
と生きがい―― 世界思想社）

Deci, E. L.（1975）. *Intrinsic motivation.* New York: Plenum Press.

（デシ，E. L. 安藤 延男・石田 梅男（訳）（1980）．内発的動機づけ・実験社会心理学的
アプローチ 誠信書房）

Deci, E. L., & Flaste, R.（1995）. *Why we do what we do: The dynamics of personal autonomy.* New York: G.P. Putnam's Sons.

（デシ，E. L.・フラスト，R. 桜井 茂男（監訳）（1999）．人を伸ばす力――内発と自律
のすすめ―― 新曜社）

Deci, E. L., Olafsen, A. H., & Ryan, R. M.（2017）. Self-determination theory in work organizations: The state of a science. *Annual Review of Organizational Psychology and Organizational Behavior, 4,* 19-43.

鹿毛 雅治（1994）．内発的動機づけ研究の展望 教育心理学研究, *42,* 345-359.

鹿毛 雅治（編）（2012）．モティベーションをまなぶ12の理論――ゼロからわかる「やる気
の心理学」入門！―― 金剛出版

金井 壽宏（2006）．働くみんなのモティベーション論 NTT出版

Ryan, R. M., & Deci, E. L.（2000）. Self-determination theory and the facilitation of intrinsic motivation, social development, and well-being. *American Psychologist, 55*（1）, 68-78.

第7章

安藤 瑞夫（1975）．産業心理学 新曜社

Heilman, M. E., & Hornstein, H. A.（1982）. *Managing human forces in organization.* Richard

Irwin.

（ヘイルマン，M. E.・ホーンスタイン，H. A. 山本 成二・梅津 祐良（訳）(1985).
人材活用の行動科学　日本生産性本部）

Lawler, E. E. (1971). *Pay and organizational effectiveness: A psychological view.* New York: McGraw-Hill.

（ロウラー，E. E. 3世　安藤 瑞夫（訳）(1972). 給与と組織効率　ダイヤモンド社）

Locke, E. A., & Latham, G. P. (1990). *A theory of goal setting and task performance.* Englewood Cliffs, NJ: Prentice Hall.

Matsui, T., & Terai, T. (1975). A cross-cultural study of the validity of the expectancy theory of work motivation. *Journal of Applied Psychology, 60,* 263-265.

Robbins, S. P. (2005). *Essentials of organizational behavior* (8th ed.). Upper Saddle River, NJ: Prentice Hall.

（ロビンス，S. P. 髙木 晴夫（訳）(2009). 新版　組織行動のマネジメント――入門から実践へ――　ダイヤモンド社）

Vroom, V. H. (1964). *Work and motivation.* New York: Wiley.

（ヴルーム，V. H. 坂下 昭宣・榊原 清則・小松 陽一・城戸 康彰（訳）(1982). 仕事とモティベーション　千倉書房）

第8章

Adams, J. S. (1965). Inequity in social exchange. In L. Berkowitz (Ed.), *Advances in experimental social psychology.* Vol. 2 (pp.267-299). New York: Academic Press.

Deutsch, M. (1975). Equity, equality and need: What determines which value will be used as the basis of distributive justice? *Journal of Social Issues, 31,* 137-149.

Festinger, L. (1957). *A theory of cognitive dissonance.* Stanford, CA: Stanford University Press.

今在 慶一朗（2016). 手続き的公正要因としての説明責任と鄭重さに対する中心的・周辺的認知処理の影響――裁判での弁護活動を模したコミュニケーション実験――　社会心理学研究，*31*（3）184-192.

開本 浩矢（2005). 成果主義導入における従業員の公正感と行動変化　日本労働研究雑誌，*543,* 64-74.

Leventhal, G. S. (1980). What should be done with equity theory? : New approaches to the study of fairness in social relationships. In K. J. Gergen, M. S. Greenberg, & R. H. Wills (Eds.), *Social exchange: Advances in theory and research* (pp.27- 55). Wiley.

関口 倫紀・林 洋一郎（2009). 組織的公正研究の発展とフェア・マネジメント　経営行動科学，*22*（1）1-12.

島貫 智行（2007). パートタイマーの基幹労働力化が賃金満足度に与える影響――組織内公正性の考え方をてがかりに――　日本労働研究雑誌，*568,* 63-76.

第 9 章

Blackwell, L. S., Trzesniewski, K. H., & Dweck, C. S. (2007). Implicit theories of intelligence predict achievement across an adolescent transition: A longitudinal study and an intervention. *Child Development, 78*, 246-263.

Dweck, C. S. (1986). Motivational processes affecting learning. *American Psychologist, 41*, 1040-1048.

Dweck, C. S. (2006). *Mindset: The new psychology of success.* New York: Random House.
(ドゥエック, C. S. 今西 康子 (訳) (2016). マインドセット——「やればできる！」の研究—— 草思社)

Dweck, C. S., & Leggett, E. L. (1988). A social-cognitive approach to motivation and personality. *Psychological Review, 95*, 256-273.

Elliot, A. J., & McGregor, H. A. (2001). A 2×2 achievement goal framework. *Journal of Personality and Social Psychology, 80*, 501-519.

Hong, Y., Chiu, C., Dweck, C. S., Lin, D. M., & Wan, W. (1999). Implicit theories, attributions, and coping: A meaning system approach. *Journal of Personality and Social Psychology, 77*, 588-599.

Locke, E. A., & Latham, G. P. (1984). *Goal setting: A motivational technique that works.* Prentice Hall Direct.
(ロック, E. A. ・ラザム, G. P. 松井 賚夫・角山 剛 (訳) (1984). 目標が人を動かす——効果的な意欲づけの技法—— ダイヤモンド社)

外山 美樹・長峯 聖人 (2022). 人は困難な目標にどう対処すべきか？——困難な目標への対処方略尺度を作成して—— 心理学研究, *92* (6), 543-553.

第 10 章

Abramson, L. Y., Seligman, M. E., & Teasdale, J. D. (1978). Learned helplessness in humans: Critique and reformulation. *Journal of Abnormal Psychology, 87*, 49-74.

Bandura, A. (1977). Self-efficacy: Toward a unifying theory of behavioral change. *Psychological Review, 84*, 191-215.

Bandura, A. (1997). *Self-efficacy: The exercise of control.* New York: W. H. Freeman.

Bandura, A., & Cervone, D. (1983). Self-evaluative and self-efficacy mechanisms governing the motivational effects of goal systems. *Journal of Personality and Social Psychology, 45* (5), 1017-1028.

Bandura, A., & Locke, E. A. (2003). Negative self-efficacy and goal effects revisited. *Journal of Applied Psychology, 88* (1), 87-99.

Bandura, A., Reese, L., & Adams, N. E. (1982). Microanalysis of action and fear arousal as a function of differential levels of perceived self-efficacy. *Journal of Personality and Social Psychology, 43* (1), 5-21.

Bandura, A., & Schunk, D. H. (1981). Cultivating competence, self-efficacy, and intrinsic interest through proximal self-motivation. *Journal of Personality and Social Psychology, 41* (3), 586-598.

Betz, N. E., & Hackett, G. (1981). The relationship of career-related self-efficacy expectations to perceived career options in college women and men. *Journal of Counseling Psychology, 28* (5), 399-410.

Cherian, J., & Jacob, J. (2013). Impact of self-efficacy on motivation and performance of employees. *International Journal of Business and Management, 8* (14), 80-88.

江本 リナ (2000). 自己効力感の概念分析　日本看護科学会誌, *20* (2), 39-45.

Hackett, G., & Betz, N. E. (1981). A self-efficacy approach to the career development of women. *Journal of Vocational Behavior, 18*, 326-339.

角山 剛 (1995). モティベーション管理の理論的背景　日本労働研究雑誌, *422*, 134-144.

児玉 真樹子・松田 敏志・戸塚 唯氏・深田 博己 (2002). 大学生の進路選択行動に及ぼす自己効力および職業的アイデンティティの影響　広島大学心理学研究, *2*, 63-72.

中島 智子 (2015). 若年者の離職に関する一考察——自己効力感研究の視点から——　商大ビジネスレビュー, *5* (1), 41-70.

尾形 真実哉 (2016). 若年就業者の組織適応を促進するプロアクティブ行動と先行要因に関する実証研究　経営行動科学, *29*, 77-102.

Perkins, S., & Jenkins, L. S. (1998). Self-efficacy expectation, behavior performance, and mood status in early recovery from percutaneous transluminal coronary angioplasty. *Heart and Lung, 27* (1), 37-46.

Seligman. M. E. P. (1975). *Helplessness: On depression, development and death.* San Francisco, CA: W. H. Freeman.
（セリグマン, M. E. P. 平井 久・木村 駿 (監訳) (1985). うつ病の行動学——学習性絶望感とは何か——　誠信書房）

Seligman, M. E. P., & Maier, S. F. (1967). Failure to escape traumatic shock. *Journal of Experimental Psychology, 74*, 1-9.

島田 貴仁・岩倉 希・高木 大資 (2009). 集合的効力感と犯罪発生のマッピング　東京大学空間情報科学研究センター　Ritrieved from http://www.csis.u-tokyo.ac.jp/csisdays2009/csisdays2009-ra-pdf/B12.pdf (2021年9月2日)

竹内 久美子 (2016). 新卒看護師の「やめたい」気持ちと「自己効力感」の変化　千葉県立保健医療大学紀要, *7* (1), 3-9.

内田 遼介・土屋 裕睦・菅生 貴之 (2011). スポーツ集団を対象とした集合的効力感研究の現状と今後の展望——パフォーマンスとの関連性ならびに分析方法に着目して——　体育学研究, *56*, 491-506.

浦上 昌則 (1996). 女子短大生の職業選択過程についての研究——進路選択に対する自己効力, 就職活動, 自己概念の関連から——　教育心理学研究, *44* (2), 195-203.

第 11 章

Bass, B. M.（1998）. *Transformational leadership: Industry, military, and educational impact.* NJ: Lawrence Erlbaum Associates.

Blake, R. R., & Mouton, J. S.（1964）. *The managerial grid: The key to leadership excellence.* Houston, TX: Gulf Publishing.

van Dierendonck, D.（2011）. Servant leadership: A review and synthesis. *Journal of Management, 37*（1）, 1228-1261.

Edmondson, A. C.（2012）. *Teaming: How organizations learn, innovate, and compete in the knowledge economy.* John Wiley & Sons.
（エドモンドソン，A. C. 野津 智子（訳）（2014）. チームが機能するとはどういうことか──「学習力」と「実行力」を高めるアプローチ── 英治出版）

French, Jr., J. R. P., & Raven, B. H.（1959）. The basis of social power. In D. Cartwright（Ed.）, *Studies in social power*（pp.150-167）. MI: Institute for Social Research.

Greenleaf, R. K.（1970）. *The servant as a leader.* Indianapolis, IN: Greenleaf Center.

Greenleaf, R. K.（1977）. *Servant leadership: A journey into the nature of legitimate power and greatness.* New York: Paulist Press.
（グリーンリーフ，R. K. 金井 壽宏（監訳）金井 真弓（訳）（2008）. サーバントリーダーシップ 英治出版）

Hersey, P., & Blanchard, K. H.（1977）. *Management of organizational behavior: Utilizaing human resources*（3rd ed.）. Englewood Cliffs, NJ: Prentice-Hall.

堀尾 志保・中原 淳（2022）. 共有型リーダーシップ研究の動向と展望──先行要因・モデレータ要因研究に着目して── 産業・組織心理学研究, *36*, 29-52.

一宮 剛・原口 恭彦・相馬 敏彦（2022）. シェアド・リーダーシップと成果のメカニズムの検討 産業・組織心理学会第 37 回大会発表論文集, 102-103.

石橋 里美（2016）. キャリア開発の産業・組織心理学ワークブック 第 2 版 ナカニシヤ出版

金井 壽宏（2005）. リーダーシップ入門 日本経済新聞出版社

Latham, G. P.（2007）. *Work motivation: History, theory, research, and practice.* Thousand Oaks, CA: SAGE.
（レイサム，G. 金井 壽宏（監訳）依田 卓巳（訳）（2009）. ワーク・モチベーション NTT 出版）

三隅 二不二（1984）. リーダーシップ行動の科学 改訂版 有斐閣

三隅 二不二・関 文恭・篠原 弘章（1974）. PM 評定尺度の再分析 実験社会心理学研究, *14*, 21-30.

三隅 二不二・田崎 敏昭（1965）. 組織体におけるリーダーシップの構造―機能に関する実証的研究 教育・社会心理学研究, *5*, 1-13.

中山 敬介（2016）. 日本の企業組織に有効なサーバント・リーダーシップ特性の特定化 近畿大学商学論究, *15*（1）, 55-73.

Pearce, C. L., & Sims, H. P., Jr. (2002). Vertical versus shared leadership as predictors of the effectiveness of change management teams: An examination of aversive, directive, transactional, transformational, and empowering leader behaviors. *Group Dynamics: Theory, Research, and Practice, 6* (2), 172-197.

Raven, B. H. (1974). The comparative analysis of power and power preference. In J. T. Tedeschi (Ed.), *Perspectives on social power* (pp.172-198). Chicago, IL: Aldine.

Spears, L. C. (2010). Character and servant leadership: Ten characteristics of effective, caring leaders. *The Journal of Virtues and Leadership, 1* (1), 25-30.

Stogdill, R. M. (1974). *Handbook of leadership: A survey of theory and research.* New York: Free Press.

山口 裕幸 (1994). 企業組織の活性化過程　齊藤 勇・藤森 立男 (編) 経営産業心理学パースペクティブ (pp.104-116)　誠信書房

第 12 章

Allen, N. J., & Meyer, J. P. (1990). The measurement and antecedents of affective, continuance, and normative commitment to the organization. *Journal of Occupational Psychology, 63,* 1-18.

古川 久敬 (2011). 組織心理学——組織を知り活躍する人のために——　培風館

川上 憲人 (主任研究者) (2012). 労働者のメンタルヘルス不調の第一次予防の浸透手法に関する調査研究　平成 21-23 年度総合研究報告書　厚生労働省　Retrieved from https://mhlw-grants.niph.go.jp/project/20441

健康いきいき職場づくりフォーラム (2014). 健康いきいき職場づくりガイダンス (1) 健康いきいき職場づくりの 8 つのステップ　健康いきいき職場づくりフォーラム　Retrieved from http://www.ikiiki-wp.jp/Portals/0/images/ikiiki-wp/%E5%81%A5%E5%BA%B7%E3%81%84%E3%81%8D%E3%81%84%E3%81%8D%E8%81%B7%E5%A0%B4%E3%81%A5%E3%81%8F%E3%82%8A%E3%82%AC%E3%82%A4%E3%83%80%E3%83%B3%E3%82%B9.pdf?msclkid=25238d21ab1f11ecb05e3f62c3e4d320 (2022 年 3 月 24 日)

厚生労働省 (2019). 令和元年版　労働経済白書——人手不足の下での「働き方」をめぐる課題について——　日経印刷

Mathieu, J. E., & Zajac, D. M. (1990). A review and meta-analysis of the antecedents, correlates, and consequences of organizational commitment. *Psychological Bulletin, 108,* 171-194.

Meyer, J. P., Allen, N. J., & Smith, C. A. (1993). Commitment to organizations and occupations: Extension and test of a three-component conceptualization. *Journal of Applied Psychology, 78,* 538-551.

Meyer, J. P., Stanley, D. J., Herscovitch, L., & Topolnytsky, L. (2002). Affective, continuance, and normative commitment to the organization: A meta-analysis of antecedents, correlates, and consequences. *Journal of Vocational Behavior, 61,* 20-52.

Mowday, R. T., Steers, R. M., & Porter, L. W.（1979）. The measurement of organizational commitment. *Journal of Vocational Behavior, 14*（2）, 224-247.

日本労働研究機構（2003）. 組織の診断と活性化のための基盤尺度の研究開発――HRM チェックリストの開発と利用・活用―― 調査研究報告書 No.161　日本労働研究機構

島津 明人（2015）. 産業保健と経営との協働に向けて――ワーク・エンゲイジメントの視点から―― 産業・組織心理学研究, *28*（2）, 103-110.

高木 浩人（2003）. 多次元概念としての組織コミットメント――先行要因，結果の検討―― 社会心理学研究, *18*, 156-171.

第13章

有吉 美恵・池田 浩・縄田 健悟・山口 裕幸（2018a）. 定型業務がワークモチベーションを抑制する心理プロセス――職務意義の媒介効果―― 実験社会心理学研究, *58*（1）, 53-61.

有吉 美恵・池田 浩・縄田 健悟・山口 裕幸（2018b）. ワークモチベーションの規定因としての社会的貢献感――トラブル対応が求められる職務を対象とした調査研究―― 産業・組織心理学研究, *32*, 3-14.

Brotheridge, C. M., & Grandey, A. A.（2002）. Emotional labor and burnout: Comparing two perspectives of "people work". *Journal of Vocational Behavior, 60*, 17-39.

古川 久敬（2011）. 組織心理学――組織を知り活躍する人のために―― 培風館

Glomb, T. M., & Tews, M. J.（2004）. Emotional labor: A conceptualization and scale development. *Journal of Vocational Behavior, 64*, 1-23.

Hackman, J. R., & Oldham, G. R.（1975）. Development of the job diagnostic survey. *Journal of Applied Psychology, 60*, 159-170.

Heuven, E., & Bakker, A. B.（2003）. Emotional dissonance and burnout among cabin attendants. *European Journal of Work and Organizational Psychology, 12*, 81-100.

Hochschild, A. R.（1983）. *The managed heart: Commercialization of human feeling.* Berkeley, CA: University of California Press.
（ホックシールド, A. R.　石川 准・室伏 亜希（訳）（2000）. 管理される心――感情が商品になるとき―― 世界思想社）

池田 浩・秋保 亮太・金山 正樹・藤田 智博・後藤 学・河合 学（2021）. 安全の現場に求められるワークモチベーション――安全志向的モチベーションの効果とその源泉としての自己価値充足モデル―― 産業・組織心理学研究, *34*, 133-146.

経済産業省（2022）. サービス生産性レポート――経済産業省「サービス産業×生産性研究会」報告書―― 経済産業省　Retrieved from https://www.meti.go.jp/shingikai/mono_info_service/service_sangyo/pdf/20220328_1.pdf

Lewig, K. A., & Dollard, M. F.（2003）. Emotional dissonance, emotional exhaustion and job satisfaction in call centre workers. *European Journal of Work and Organizational Psychology, 12*, 366-392.

Maslach, C.（1976）. Burned-out. *Human behavior, 5*（9）, 16-22.

光岡 由紀子（2019）. 看護師における本来感と感情労働と職業的アイデンティティとの関連　日本看護研究学会雑誌, *42*. 749-761.

内閣府（2018）. 平成 30 年版　経済財政白書――「白書」：今、Society5.0 の経済へ――　日経印刷

内閣府（2018）. 平成 30 年版　子供・若者白書　日経印刷

内閣府（2020）. 令和 2 年版　子供・若者白書　日経印刷

労働政策研究・研修機構（2022）. 第 5 回改訂　厚生労働省編職業分類 職業分類表――改訂の経緯とその内容――　労働政策研究・研修機構

島津 明人（研究代表者）（2017）. 労働生産性の向上に寄与する健康増進手法の開発に関する研究　平成 28 年度総括分担研究報告書

島津 明人（研究代表者）（2019）. 労働生産性の向上に寄与する健康増進手法の開発に関する研究　平成 30 年度総括分担研究報告書

須賀 知美・庄司 正実（2010）. 飲食店アルバイトの感情労働と客からの感謝・賞賛が職務満足感に及ぼす影響　目白大学心理学研究, *6*, 25-31.

Wrzesniewski, A., & Dutton, J. E.（2001）. Crafting a job: Revisioning employees as active crafters of their work. *Academy of Management Review, 26*（2）, 179-201.

Zapf, D., & Holz, M.（2006）. On the positive and negative effects of emotion work in organizations. *European Journal of Work and Organizational Psychology, 15*, 1-28.

第 14 章

安達 智子（2008）. 女子学生のキャリア意識――就業動機，キャリア探索との関連――　心理学研究, *79*, 27-34.

安達 智子（2010）. キャリア探索尺度の再検討　心理学研究, *81*, 132-139.

Eskreis-Winkler, L., Gross, J. J., & Duckworth, A. L.（2016）. Grit: Sustained self-regulation in the service of superordinate goals. In K. D. Vohs, & R. F. Baumeister（Eds.）, *Handbook of self-regulation: Research, theory and applications*（3rd ed., pp.380-395）. New York: Guilford.

Duckworth, A.（2016）. *Grit: The power of passion and perseverance.* New York: Scribner.
（ダックワース，A．神崎 朗子（訳）（2016）. やり抜く力――人生のあらゆる成功を決める「究極の能力」を身につける――　ダイヤモンド社）

Duckworth, A. L., Peterson, C., Matthews, M. D., & Kelly, D. R.（2007）. Grit: Perseverance and passion for long-term goals. *Journal of Personality and Social Psychology, 92*, 1087-1101.

Grotberg, E. H.（2003）. What is resilience? How do you promote it? How do you use it? In E. H. Grotberg（Ed.）, *Resilience for today: Gaining strength from adversity*（pp.1-29）. Westport, CT: Preager Publishers.

飯塚 亮輔（2014）. やりたいこと探しの動機と期待価値，就業観の関連について――自己決定性に注目して――　日本教育心理学会第 56 回総会発表論文集, 465.

石橋 里美・林 潔・内藤 哲雄（2019）. 大学生における「やりたいこと志向」が自己成長主導

性及びキャリア探索に及ぼす影響　応用心理学研究, *45*, 68-75.

角山 剛 (2011). 産業・組織心理学の立場からみたキャリア形成　心理学ワールド, *55*, 5-8.

児玉 真樹子 (2015). キャリアレジリエンスの構成概念の検討と測定尺度の開発　心理学研究, *86*, 150-159.

児玉 真樹子 (2017). 大学生用キャリアレジリエンス測定尺度の開発　学習開発学研究, *10*, 15-23.

今後の人材開発政策の在り方に関する研究会 (2020). 今後の人材開発政策の在り方に関する研究会報告書——コロナ禍を受けて産業・就業構造や働き方が変化する中での人材開発政策の当面の課題等を踏まえて——　厚生労働省　Retrieved from https://www.mhlw.go.jp/content/11801000/000679821.pdf

厚生労働省 (2002).「キャリア形成を支援する労働市場政策研究会」報告書　厚生労働省　Retrieved from https://www.mhlw.go.jp/houdou/2002/07/h0731-3a.html#top

厚生労働省・中央職業能力開発協会 (2015). キャリア支援企業表彰 2015 人を育て・人が育つ企業表彰　キャリア支援企業好事例集　厚生労働省　Retrieved from https://www.mhlw.go.jp/file/06-Seisakujouhou-11800000-Shokugyounouryokukaihatsukyoku/0000117753.pdf

London, M. (1983). Toward a theory of career motivation. *Academy of Management Review, 8*, 620-630.

文部科学省 (2004). キャリア教育の推進に関する総合的調査研究協力者会議 報告書——児童生徒一人一人の勤労観, 職業観を育てるために——　文部科学省　Retrieved from https://www.mext.go.jp/b_menu/shingi/chousa/shotou/023/toushin/04012801/002/010.pdf

Noe, R. A., Noe, A. W., & Bachhuber, J. A. (1990). An investigation of the correlates of career motivation. *Journal of Vocational Behavior, 37*, 340-356.

Robitschek, C. (1998). Personal growth initiative: The construct and its measure. *Measurement and Evaluation in Counseling and Development, 30*, 183-198.

Robitschek, C., & Cook, S. W. (1999). The influence of personal growth initiative and coping styles on career exploration and vocational identity. *Journal of Vocational Behavior, 54*, 127-141.

清水 美恵 (2020). アレルギー疾患児のレジリエンス研究の動向と展望——レジリエンス関連モデルの視点から——　応用心理学研究, *46*, 111-120.

総務省 (2018). 平成 30 年版　情報通信白書——人口減少時代の ICT による持続的成長——　日経印刷

Super, D. E. (1957). *The psychology of careers: An introduction to vocational development.* New York: Harper.
　　（スーパー, D. E. 日本職業指導学会 (訳) (1960). 職業生活の心理学——職業経歴と職業的発達——　誠信書房）

鈴木 秀明・荒井 沙也香・岩田 知子・丸山 亮光・田中 真理 (2015). 大学生の失敗観が自己

成長主導性及び心理的 well-being に与える影響の検討　東京成徳大学臨床心理学研究,
15, 111-118.

竹橋 洋毅・樋口 収・尾崎 由佳・渡辺 匠・豊沢 純子（2019）．日本語版グリット尺度の作成
および信頼性・妥当性の検討　心理学研究, *89*, 580-590.

德吉 陽河・岩崎 祥一（2014）．自己成長主導性尺度 II（PGIS-II）日本語版の開発と心理的測
定　心理学研究, *85*, 178-187.

第 15 章

大坊 郁夫（2010）．ポジティブな人間関係研究の展開　現代のエスプリ, *512*, 109-119.

大坊 郁夫・角山 剛（2016）．Well-being に関連する勤労者の意欲——転職経験に着目して
——　東洋大学 21 世紀ヒューマン・インタラクション・リサーチセンター研究年報,
13, 75-80.

大坊 郁夫・角山 剛（2018）．Well-being に関連する勤労者の特徴——特に価値観に注目して
——　東洋大学 21 世紀ヒューマン・インタラクション・リサーチセンター研究年報,
15, 57-62.

堀毛 一也（2019）．ポジティブなこころの科学——人と社会のよりよい関わりをめざして
——　サイエンス社

堀毛 一也（編）（2010）．ポジティブ心理学の展開——「強み」とは何か, それをどう伸ばせ
るか——　現代のエスプリ, *512*.

角山 剛・大坊 郁夫（2016）．説明スタイルが勤労者の仕事への意欲に及ぼす影響　東洋大学
21 世紀ヒューマン・インタラクション・リサーチセンター研究年報, *13*, 81-84.

角山 剛・大坊 郁夫・磯 友輝子（2015）．生活保護受給者の就労意欲喚起に及ぼす集団訓練の
効果　現代人のこころのゆくえ——ヒューマンインタラクションの諸相——, *4*, 33-51.

角山 剛・松井 賚夫・都築 幸恵（2010）．営業職員の楽観・悲観的思考が販売成績に及ぼす影
響　産業・組織心理学会第 26 回大会発表論文集, 53-56.

角山 剛・松井 賚夫・都築 幸恵（2011）．営業職員の楽観・悲観的思考が販売成績に及ぼす影
響（2）——楽観的思考と悲観的思考のジョイント効果の検証——　産業・組織心理学会
第 27 回大会発表論文集, 19-22.

Lucas, R. E., Diener, E., & Suh, E. M.（1996）．Discriminant validity of well-being measure.
Journal of Personality and Social Psychology, 71, 616-628.

大石 繁宏（2009）．幸せを科学する——心理学からわかったこと——　新曜社

Scheier, M. F., & Carver, C. S.（1985）．Optimism, coping, and health: Assessment and implica-
tions of generalized outcome expectancies. *Health Psychology, 4*, 219-247.

Seligman, M. E. P.（1998）．Building human strength: Psychology's forgotten mission. *APA
Monitor, 29*, 2.

Seligman, M. E. P.（2011）．*Flourish: A visionary new understanding of happiness and well-
being.* New York: Free Press.

Seligman, M. E. P., & Shulman, P.（1986）．Explanatory style as a predictor of productivity and quitting among life insurance sales agents. *Journal of Personality and Social Psychology, 50,* 832-838.

Seligman, M. E. P., Steen, T. A., Park, N., & Peterson, C. (2005). Positive psychology progress: Empirical validation of interventions. *American Psychologist, 60,* 410-421.

島井 哲志（編）(2006). ポジティブ心理学——21 世紀の心理学の可能性——　ナカニシヤ出版

島井 哲志 (2009). ポジティブ心理学入門——幸せを呼ぶ生き方——　星和書店

Snyder, C. R., & Lopez, S. J. (2007). *Positive psychology: The scientific and practical explorations of human strengths.* SAGE.

外山 美樹 (2010). 楽観主義　現代のエスプリ, *512,* 90-99.

人名索引

事 項 索 引

著 者 略 歴

角山　剛（第 1 〜 5，7，9 章 9.1 節，15 章執筆）
（かくやま　たかし）

1974 年　立教大学文学部卒業
1983 年　立教大学大学院社会学研究科博士後期課程単位取得
現　在　東京未来大学学長

主要編著書

『応用心理学ハンドブック』（編集共同代表）（福村出版，2022）

『組織行動の心理学——組織と人の相互作用を科学する』（編著）（北大路書房，2019）

『産業・組織（キーワード心理学 12）』（新曜社，2011）

『産業・組織心理学ハンドブック』（編集代表）（丸善，2009）

石橋　里美（第 6，8，9 章 9.2 節，10 〜 14 章執筆）
（いしばし　さとみ）

1992 年　青山学院大学文学部卒業
2004 年　信州大学大学院人文科学研究科修了
現　在　東京未来大学モチベーション行動科学部講師

主 要 著 書

『ベーシック経営学——学びのとびら』（共著）（ムイスリ出版，2022）

『心理学の世界』（分担執筆）（サイエンス社，2020）

『社会心理学（シリーズ心理学と仕事 10）』（分担執筆）（北大路書房，2017）

『キャリア開発の産業・組織心理学ワークブック　第 2 版』（ナカニシヤ出版，2016）

現代に活きる心理学ライブラリ
：困難を希望に変える心理学＝Ⅶ-1

モチベーションの心理学

2023 年 10 月 25 日© 　　　　　　初 版 発 行

著 者 角 山 　 剛 　　　 発行者 森 平 敏 孝
　　　 石 橋 里 美 　　　 印刷者 中 澤 　 眞
　　　　　　　　　　　　 製本者 小 西 惠 介

発行所　　株式会社　サイエンス社

〒151-0051　東京都渋谷区千駄ヶ谷 1 丁目 3 番 25 号
営業 TEL　(03)5474-8500(代)　　振替 00170-7-2387
編集 TEL　(03)5474-8700(代)
FAX　　　(03)5474-8900

組版　ケイ・アイ・エス
印刷　㈱シナノ　　　　　製本　ブックアート
《検印省略》

サイエンス社のホームページのご案内
https://www.saiensu.co.jp
ご意見・ご要望は
jinbun@saiensu.co.jp　まで.

ISBN978-4-7819-1576-0

PRINTED IN JAPAN

セレクション社会心理学31

ポジティブなこころの科学

人と社会のよりよい関わりをめざして

堀毛一也 著

四六判・384 ページ・本体 2,400 円（税抜き）

ポジティブ心理学は提唱されてからまだ歴史が浅いものの，諸外国では急速な発展をとげています。本書では，斯学の第一人者である著者が，さまざまな方に興味をもって頂けるよう，その研究領域を学術的な視点から幅広く紹介しています。幸せとは何か，よりよく生きるためにはどうしたらよいかといった問題に関心のある方，大学で本格的に学ぼうとする方におすすめの一冊です。

【主要目次】

サイエンス社